DON BOSCO
VERLAG

Wolfgang Löscher

Wahrnehmungsspiele mit Alltagsmaterial

Experimente, Spiele und
Zaubertricks mit Kindern

Don Bosco

Die Deutsche Bibliothek – CIP-Einheitsaufnahme

Ein Titeldatensatz für diese Publikation
ist bei Der Deutschen Bibliothek erhältlich.

1. Auflage 2001 / ISBN 3-7698-1313-8

Umschlag: Michael Brandel
Fotos: Bernd Kralovic
Produktion: Don Bosco Grafischer Betrieb, Ensdorf

Gedruckt auf umweltfreundlichem Papier

Inhalt

Vorwort

Kinder können dank ihrer Fantasie und Kreativität fast alle Dinge und Gegenstände, die sie in ihrem alltäglichen Leben umgeben, zu einem Spielzeug umfunktionieren. Dies geschieht bekanntlich nicht immer zur Freude der Erwachsenen, z. B. wenn die teure Vase für Wasserspiele oder das Bett für Hüpfspiele verwendet wird.
Andererseits sparen wir uns viel Geld, wenn wir z.B. mit alten Weinkorken unsere Kinder genauso spielerisch beschäftigen können, wie mit teurem Spielzeug.
Aber der Spargedanke soll bei den in diesem Buch angebotenen Spielen nicht im Vordergrund stehen. Es geht vielmehr im Sinne einer Kreativitätserziehung darum, Gegenstände und Dinge des Alltags von ihrer üblichen Funktion zu lösen und sie im Spiel zu verwenden.
Spiel hat immer etwas mit Veränderung zu tun. Die Faszination moderner Medienspiele mag vielleicht darin liegen, dass sich die Bilder und Töne auf dem Bildschirm so leicht und schnell und nur mit einem Knopfdruck verändern lassen.
Wenn wir z.B. eine Zeitung falten oder sie in Streifen reißen, dann verändern wir ihre Gestalt, und wenn wir sie voll Wasser saugen lassen, dann verändern wir auch ihre Konsistenz. Wenn man den Gedanken der Veränderung bei der Erfindung von Spielen im Hinterkopf hat, dann kann eigentlich jeder zu den hier im Buch genannten Dingen und Gegenständen ein Spiel erfinden.
Die angebotenen Spiele sollen daher möglichst nicht als Rezepte verstanden werden, sondern als Anregung, Dinge und Materialien auf ihre Verwendbarkeit im Spiel gemeinsam mit den Kindern zu untersuchen.
Die Gliederung des Buches ist nicht nach den einzelnen Sinnestätigkeiten – sehen, hören, riechen, schmecken, tasten – ausgerichtet, sondern nach den

verschiedenen Materialien. Jedes Material sollte ganzheitlich mit allen Sinnen auf seine Spielmöglichkeiten untersucht werden. Eine Zeitungsseite ist nicht nur bedruckt, sie riecht auch nach Druckerschwärze, wir hören ihr rascheln beim Umblättern und wir fühlen die jeweilige Papierqualität. So lässt sich z.B. eine Zeitungsseite von einer Seite einer Illustrierten auf Glanzpapier nur durch Tasten unterscheiden.

Es geht bei den angebotenen Aktivitäten auch darum, die Neugier der Kinder wach zu halten und ihnen zu zeigen, dass nicht nur der Computer ein Wunderding ist, sondern dass es auch bei den Alltagsdingen viel Wunderbares und oft Unerklärliches zu entdecken gibt. Beispielsweise ist die Frage „Wo ist das Zuckerstück, das sich im Tee aufgelöst hat?“ mindestens so schwer zu beantworten wie die Frage „Wo ist ein Text im Computer, wenn das Textbild gespeichert wird?“

Damit das Staunen nicht zu kurz kommt, sind zwischendurch immer wieder kleine „Zaubertricks“ eingeblendet, die auch von den Kindern gezeigt werden können

Die für die Spiele benötigten Dinge und Materialien kosten nicht viel oder meist nichts und sind in der Regel im Kindergarten, im Haushalt oder in der Natur vorhanden. Manche Materialien muss man sich allerdings erst besorgen wie z.B. einen Aquariumluftschlauch, eine Pipette oder ein Blatt Löschpapier. Der Autor hofft jedoch, dass die für die Besorgung aufzuwändende Zeit durch den Spaß, den die Kinder bei den Spielen haben, angemessen entlohnt wird.

Ein großes Dankeschön an die Kinder des städtischen Kindergartens an der Glasunowstraße in München und die Erzieherin Beate Schmidt für die Erprobung der Spiele und für die Geduld beim Fotografieren.

Wolfgang Löscher

Was Spiele mit Alltags- materialien können

Die intelligente Hand – Förderung der Feinmotorik

Bei der praktischen Erprobung der in diesem Buch beschriebenen Spiele sind wir gelegentlich an die Grenzen der Handgeschicklichkeit einiger Kinder gelangt. So stoßen Kinder, wenn sie nachmachen wie Erwachsene die Zeitung halten, z.B. auf das Problem: Wie blättert man eine Zeitung um, wenn sie nicht auf dem Tisch aufliegt? In der U- und S-Bahn kann man auch Erwachsene beobachten, die mühsam nach einer Technik suchen, ihre Zeitung umzublättern, ohne dabei die Nachbarn anzustoßen.
Streifen aus einer Zeitungsseite zu reißen, erfordert ebenfalls eine Technik, die geübt werden muss. Entscheidend dabei ist auch, dass die Zeitung in der Längsrichtung gerissen wird.
Das Formen der Zeitungsseite z.B. bei der Zeitungspalme (→ S. 22) zu einer Rolle gelingt vielen Kindern meist erst nach einiger Übung. Das Papier darf nicht zu fest aber auch nicht zu locker gerollt werden.

Besonders viel Handgeschicklichkeit erfordert das Ausziehen der Himmelsleiter (→ S. 23). Am besten tun sich dabei zwei Kinder zusammen, wobei ein Kind die Rollen hält und ein anderes die Leiter herauszieht.
Bei vielen Spielen braucht es viel Geduld und Ruhe, z.B. bei den Seifenblasenspielen (→ S. 59f.). Viele Seifenblasen zerplatzen sehr rasch, weil die Kinder zu hektisch blasen oder weil sie sich zu ruckartig bewegen. Seifenblasen herstellen gehört eigentlich zu den meditativen Spielen, bei denen die Kinder ihre Aggressionen verlieren.

Materialgefühl braucht man auch bei den Spielen mit der dünnen Baufolie (→ S. 43f.). Die Folie reißt sofort, wenn ein Kind zu ruckartig daran zieht. Man lässt zu den Folienspielen am besten beruhigende Musik laufen. Am Ende des Spieles sollten die Kinder allerdings mit der Folie „Sturm“ spielen dürfen, auch wenn die Folie danach nicht mehr brauchbar ist.
Falten ist eine Tätigkeit, die vielleicht im Kindergarten der Vergangenheit überbetont worden ist. Dennoch sollte diese Tätigkeit nicht ganz vergessen werden, denn sie unterstützen auf jeden Fall die Förderung der Handmotorik. Einige Spiele in diesem Buch beschäftigen sich daher auch mit Falten von Papier.

Manche Spiele erfordern vorbereitende Arbeiten, die in der Regel auch von den Kindern geleistet werden können. So müssen z.B. für die Wasserspiele (→ S. 51f.) Löcher in Plastikflaschen gebohrt werden, was nach einiger Übung auch Kindern mit dem Handbohrer gelingt. Für die Seifenblasenspiele muss von Plastikflaschen der Boden abgesägt oder abgeschnitten werden. Für die Heulschlauchspiele müssen von einem Elektroinstallationsschlauch einzelne Stücke für die Kinder abgesägt werden.
Jedes Ding und jedes Material erfordert im Umgang eine eigene Technik und eine eigene Behandlung. Kinder lernen dies nur im praktischen Tun. Bei Plastikgeschirr lernt man z.B. nicht die Zerbrechlichkeit von Porzellan kennen. Gelegentlich machen die Kinder auch die Erfahrung, dass man sich an Material verletzen kann, z.B. beim Spiel mit Spiegelglas oder beim Schwingen von Heulschläuchen. Eltern und Erziehungskräfte sollten Kinder immer auf die Gefahren, die im Umgang mit Material lauern hinweisen und Risiken möglichst ausschließen.
Leider können oft auch völlig ungefährlich scheinende Dinge einen Unfall auslösen, z.B. ein auf dem Boden liegendes Zeitungsblatt, auf dem ein Kind ausrutscht.
Je sicherer die Kinder im Umgang mit Dingen und Material werden, um so weniger gefährlich werden die Dinge und das Material.
Das Beherrschen verschiedener Grundtechniken, – falten, kleben, schneiden, reißen, sägen und hämmern – ist bei vielen kreativen Aktivitäten Voraussetzung.

Ein Wort zur Kreativität

Es gibt kaum mehr ein Spiel, bei dem in der Werbung nicht betont wird, dass das Spiel die Kreativität fördert. Der Begriff Kreativität wurde in den letzten Jahren geradezu inflationiert. Hier einige Gedanken dazu, was Kreativität sein kann:

Als kreatives Denken bezeichnet man ein Denken, das nicht nur in einer Richtung denkt – so genanntes Einbahndenken – sondern ein Denken, das sich in verschiedenen Bahnen und in verschiedene Richtungen bewegen kann. Entscheidend dabei ist, dass man sich von Gewohntem trennen und in neuen Bahnen denken kann. Dabei müssen oft auch visuelle Grenzen überwunden werden wie die folgende Aufgabe zeigt:

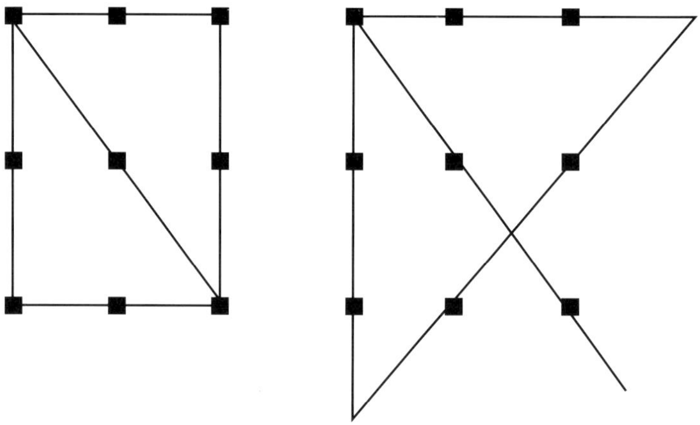

Die neun Punkte mit fünf Strichen zu verbinden ist relativ einfach. Schwierig wird es, wenn die Aufgabe lautet, die neun Punkte mit vier Strichen zu verbinden. Man muss dazu das scheinbar vorgegebene Feld verlassen, um die Lösung zu finden.
Kreatives Denken und Handeln erfordert in der Regel, dass man sich von vorgegebenen Mustern und Funktionen löst.
Man kann das Spiel mit Gegenständen des Alltags daher im weitesten Sinne auch als kreativ bezeichnen, da die Gegenstände nicht in ihrer üblichen Funktion gebraucht werden: Ein Bierdeckeluntersetzer, der zum rollenden Rad wird, ein Elektroinstallationsrohr, das zum Hörrohr wird, ein Trinkhalm, der durch elektrische Aufladung zum Zauberstab wird, ein Stein, der durch Bemalen zum Gesicht wird oder ein Stück Papier, das durch Falten

zu einem Schiff wird. Kinder besitzen die kreative Fähigkeit, einen Gebrauchsgegenstand zu einem Spielzeug umzufunktionieren grundsätzlich, ohne dass wir sie dazu anleiten müssen. Wir stoppen ihre Kreativität allerdings oft, wenn wir sie beim Spielen mit einem Gegenstand ermahnen: „Das ist doch kein Spielzeug". Diese Ermahnungen sind natürlich immer dann gerechtfertigt, wenn das Spiel mit einem Gegenstand für ein Kind Gefahren mit sich bringt. So ist z.B. eine Rasierklinge nicht unbedingt als Spielgegenstand geeignet.

Kreative Kombinationen entstehen, wenn man versucht, verschiedene Gegenstände im Spiel miteinander zu verbinden, z.B. wenn Murmeln in den Elektroinstallationsschläuchen bewegt werden, wenn zwei Gabeln an einem Bieruntersetzer befestigt zu einem Balanciergerät werden oder wenn ganz einfach ein Stab mit einer Schnur verbunden zu einer Angel wird.

Ein wichtiger Bestandteil der Kreativität ist die Fantasie. Bei den Kindern genügt oft nur ein Wort, um ihre Fantasie anzuregen. Wenn sie z.B. ein Netz, das sie durch Zuwerfen eines Wollknäuels bauen „Spinnennetz" nennen oder wenn sie ein einfaches Blatt Papier als „Flugzeug" bezeichnen und auch wie ein Flugzeug in die Luft werfen. Ein Kind hat einmal zu dem Kunstpädagogen und Autor Rudolf Seitz gesagt: „ Die Fantasie ist in meinem Kopf, und den habe ich immer bei mir." *(Rudolf Seitz, Phantasie & Kreativität, Don Bosco Verlag).*

Wir müssen uns eigentlich keine Sorgen um die Kreativität und Fantasie unserer Kinder machen, vielmehr müssen wir dafür sorgen, dass die Kinder Raum für ihre Kreativität und Fantasie bekommen und dass sie diese Eigenschaften z.B. an den Gegenständen ihrer Umgebung erproben können. Kreativität braucht aber auch Bestätigung, wie der Kreativitätsforscher Mihaly Csikszentmihalyi nachgewiesen hat *(Mihaly Csikszentmihaly: Kreativität, wie Sie das Unmögliche schaffen und Ihre Grenzen überwinden. Klett – Cotta).*

Also verstärken wir die Ideen unserer Kinder bzw. geben wir ihnen genügend Raum, ihre Ideen zu äußern.

Wie wir die Dinge wahrnehmen

Wahrgenommene Welt ist immer schon eine durch unseren gesamten Erfahrungshorizont interpretierte Welt. Dies fängt schon damit an, dass wir nicht eine chaotische Eindrucksmenge wahrnehmen, sondern geordnete Formen und Dinge. Der von Geburt Blinde, der durch einen chirurgischen Eingriff das Sehvermögen erlangt, ist zunächst nicht in der Lage, die neuartigen Seheindrücke mit den ihm bekannten Dingen zu identifizieren. Erst die Erfahrung lehrt ihn dieses allgemeine Wissen, das dann wiederum die Art des Sehens verändert. Ein Messer wird z.B. dann als scharf und gefährlich wahrgenommen, wenn man sich einmal mit einem Messer verletzt hat. Für Kinder spielt bei der Wahrnehmung von Gegenständen vor allem die Frage eine Rolle: Was kann man mit dem Gegenstand machen?

Im aufmerksamen Umgang mit den Dingen lernen sie deren verschiedene Eigenschaften kennen. Dabei fällt am Anfang immer eine besondere Eigenschaft, je nach Umgang mit den Dingen auf. Wenn Kinder Kieselsteine in die Hand nehmen, fällt ihnen deren Gewicht zunächst auf, oder der Lärm den sie verursachen, wenn die Steine auf den Boden fallen. Bei einem Parfum dürfte in der Regel zuerst der Geruch auffallen. Bei einem Ball wird seine Spieleigenschaft zuerst entdeckt und danach vielleicht seine Farbe.

Alle Gegenstände und Dinge können wir aber auch systematisch untersuchen: Wie groß ist der Gegenstand? Welche Farbe hat er? Wie schwer ist er? Wie riecht er? Wie fühlt er sich an? Welche Töne oder Geräusche kann man mit dem Gegenstand erzeugen? Wie verhält sich der Gegenstand im Wasser? Was kann man mit dem Gegenstand alles machen? Kann man mit ihm spielen? Welchen Wert hat der Gegenstand? Wem gehört der Gegenstand?

Wenn die Kinder zwei Gegenstände miteinander vergleichen, können sie alle genannten und auch andere Fragen als Vergleichskriterien heranziehen. Möglichst viele Vergleichskriterien zu finden schult das Denken und ermöglicht es, Dinge unter verschiedenen Standpunkten zu sehen.

Man kann über einzelne Dinge auch meditieren. Man kann z.B. über einen Stein nachdenken und kommt vielleicht darauf, dass Steine immer dort Verwendung finden, wo etwas Gewichtiges zum Ausdruck gebracht werden soll: Mahnmal, Denkmal, Heiligtum, oder man kommt darauf, dass ein Stein etwas Schönes sein kann, das man gerne in die Hand nimmt. Mehr zu Kurzmeditationen zu Alltagsgegenständen finden Sie in dem Buch „Die Sprache der Dinge“ *(Werner Eizinger, Die Sprache der Dinge, Don Bosco Verlag).*

Gegenstände mit Fantasie aufladen – ein Ausstellungsprojekt

Aus der Psychologie ist bekannt, dass Babys Gegenständen mehr Aufmerksamkeit zuwenden, wenn sie durch die Mutter gereicht werden. Der Gegenstand wird sozusagen durch die Mutter so aufgeladen, dass er Interesse findet. 1960 besang der Schlagersänger Bill Ramsey in seinem Song „Souvenirs, Souvenirs“ Gegenstände, die einst von Stars benutzt worden sind. In Auktionen werden häufig an und für sich wertlose Dinge versteigert, die nur durch ihre Vorbesitzer einen gewissen Wert erhalten. So könnte z.B. auch ein einfacher Kamm einen Wert erhalten, wenn man bestimmt wüsste, dass sich einer der Beatles damit gekämmt hat.

Auch wir können mit unseren Kindern Gegenstände mit Fantasie aufladen und die Gegenstände dann in einer kleinen Ausstellung zeigen. Folgende Ideen wurden mit Kindern zusammen erarbeitet:

- Steine, mit denen die sieben Geißlein den Magen des Wolfs füllten.
- Ein Stück von der Kreide, die der Wolf fraß, um eine höhere Stimme zu erlangen.
- Den vergifteten Kamm, den die böse Schwiegermutter Schneewittchen anbot.
- Ein Stück von dem vergifteten Apfel, den Schneewittchen aß.

- Ein Teller, Besteck und einen Becher der sieben Zwerge.
- Die Fliegenklatsche, mit der das tapfere Schneiderlein 7 Fliegen auf einen Streich erledigte.
- Einige Haare aus dem Zopf von Rapunzel.
- Die Erbse, die der Prinzessin unter ihr Bett gelegt wurde.
- Der Stock aus „Knüppel aus dem Sack".
- Die Brille von Harry Potter.

Sicher finden Kinder noch viele andere Beispiele.

Eine weitere Idee für eine Ausstellung mit Gegenständen wäre folgende: Die Kinder bringen von zu Hause möglichst alte Gegenstände z.B. von ihren Großeltern mit und inszenieren damit eine Ausstellung: einen alten Wecker, eine alte Postkarte, ein altes Kleid etc.

Wahrnehmungsspiele mit Alltagsmaterial

Spiele mit Zeitungen

Zeitungen, Illustrierte und ähnliche Druckerzeugnisse eignen sich gut als Spielmaterial. Sie müssen allerdings von den Besitzern gelesen und deutlich abgelegt sein, sonst gibt es Ärger. Nach jedem Spiel ist Händewaschen angesagt, denn die Druckerschwärze färbt geringfügig auf die Hände ab.

1. Bilder von Menschen und Tieren

Die Kinder suchen Bilder von Menschen in der Zeitung und schneiden diese aus. Anschließend werden die Bilder auf Pappe geklebt und können nun nach unterschiedlichen Gesichtspunkten gelegt werden, z.B. alle Bilder von fröhlichen Menschen auf eine Seite und alle Bilder von traurigen Menschen auf die andere Seite. Wir sprechen mit den Kindern darüber, worüber sich die Menschen freuen können oder warum sie wohl traurig sind. Bilder von Sportlerinnen und Sportlern bieten besonders viel Diskussionsstoff über Gefühlsregungen. Aber auch auf Bildern von Politikerinnen und Politikern kann man verschiedene Gefühlsstimmungen erkennen: Machtgesten, stolze und enttäuschte Gesichter usw.
Gerne suchen die Kinder nach Bildern von Tieren und schneiden diese aus. Auch hier gibt es viele Möglichkeiten, die Bilder nach unterschiedlichen Gesichtspunkten wie z.B. nach der jeweiligen Tierart zu ordnen.
Schließlich können die Kinder Bilder für eine große Collage zusammen stellen, die dann an der Wand aufgehängt wird.

2. Wie wird die Zeitung gelesen?

In Pantomimen stellen die Kinder dar, wie die Mutter oder der Vater die Zeitung lesen. Wie wird die Zeitung gehalten? Wie wird darin geblättert, hastig oder mit Bedacht?
Interessant ist es Menschen in der S- oder U-Bahn zu beobachten, wenn sie Zeitung lesen: Manche halten ihre Zeitung voll aufgeschlagen und kommen damit mit ihren Sitznachbarn in Konflikt, manchen falten die Zeitung ängstlich zusammen, um nur ja niemanden zu belästigen. Manche Menschen können es nicht vertragen, wenn noch jemand in ihre Zeitung schaut. Sie blättern dann meist besonders rasch um oder drehen die Zeitung vom Nachbarn weg. Wir spielen die geschilderten Szenen mit den Kindern.

3. Was steht in der Zeitung?

Natürlich können Vorschulkinder die Zeitung noch nicht lesen. Sie wissen aber in der Regel, über was in der Zeitung berichtet wird. Bestimmte Seiten finden sie auch anhand von Bildern oder Grafiken, z.B. die Sportseite oder den Wetterbericht.
Wir lassen die Kinder aus der Zeitung Fantasiemeldungen vorlesen, z.B.:

- „Der Kindergarten veranstaltet ein Sommerfest."
- „Unsere Erzieherin ist krank."
- „Ich habe 2 Pokemonbilder zu verschenken."
- usw.

4. Falten mit Zeitungen

Jede Zeitung ist in der Mitte gefaltet. Wir fühlen mit den Fingern den Bug, der uns an eine Schiffsform erinnert. Wenn man eine aufgefaltete Zeitung auf den Bauch hält und schnell läuft, drückt der Luftdruck die Zeitung gegen den Körper und die Zeitung bleibt „kleben". Interessant ist der Versuch, ein Zeitungsblatt so oft wie möglich zu falten. Sieben- bis achtmal gelingt es meist.
Beim Falten von Zeitungsblättern sollte man auch die Ränder des Blattes fühlen und bezeichnen. Die Ober- und Unterkante ist meist gezackt und fühlt sich rau an. Die Seitenkante mit dem Bug fühlt sich nicht so scharf an, wie die rechte Seitenkante.
Wenn man schon beim Falten ist, sollte man auch das altbekannte Tischdeckenmuster schneiden ausprobieren: Man faltet das Zeitungsblatt vier- bis fünfmal und schneidet dann mit einer Schere an den Rändern des gefalteten Blattes kleine Ecken, Kanten oder Halbmonde aus. Nach einer weiteren Faltung kann man das Gleiche wiederholen. Meist ist das Staunen groß, wenn die gemusterte „Tischdecke" entfaltet wird.

5. Zeitungspalme und Himmelsleiter

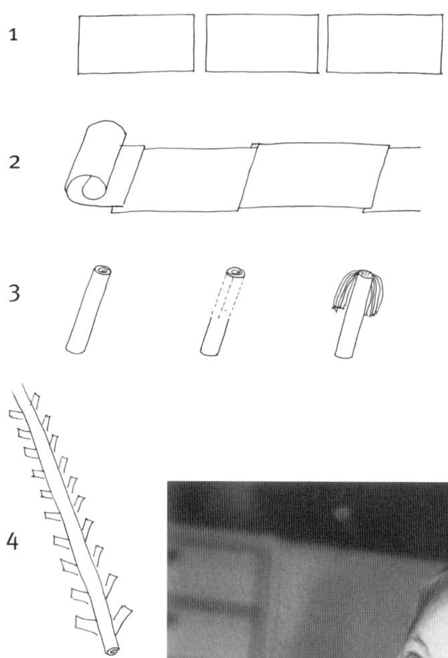

Die folgenden Aktivitäten fallen schon fast in die Kategorie „Zaubertricks“. Man schneidet aus Zeitungspapier Streifen mit einer ungefähren Breite von 16 Zentimetern. Anschließend klebt man die Streifen aneinander, bis man einen etwa 2 m langen Papierstreifen erhält. Der Streifen wird der Länge nach zusammengerollt, danach wird die Rolle mit einer Schere viermal bis zur Mitte eingeschnitten. Jetzt kann man die Rolle von innen her in die Höhe ziehen und es wächst eine Palme aus den Händen.

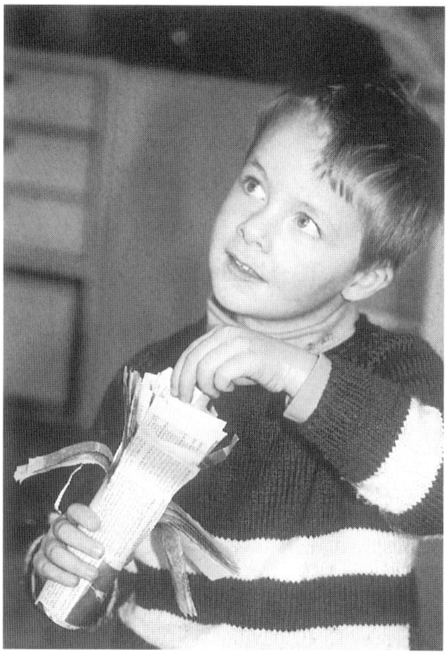

Die Himmelsleiter ist etwas schwieriger zu bauen, aber nach einigen Versuchen gelingt auch sie: Man klebt zwei Zeitungsseiten an den schmalen Seiten zusammen, so dass das ganze Stück ca. 1 m lang und 36 cm breit wird. Danach wird die Seite ähnlich wie bei der Palme zusammengerollt. In der Mitte der Rolle reißt man ein Stück heraus, so dass man zwei Rollen erhält, die aber noch durch Streifen verbunden sind. Danach zieht man aus dem linken und rechten Rohr die Sprossen der Himmelsleiter langsam heraus.

1

2

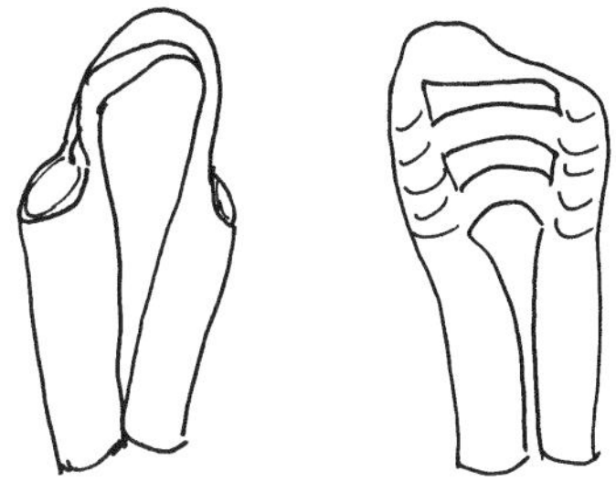

3

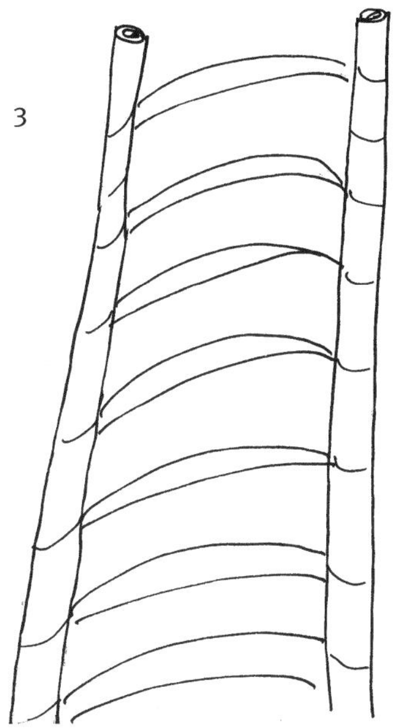

6. Der geheimnisvolle Papierring

Eines der erstaunlichsten mathematischen Phänomene ist das so genannte Möbiusband, das sich ganz einfach mit einer Zeitung herstellen lässt:

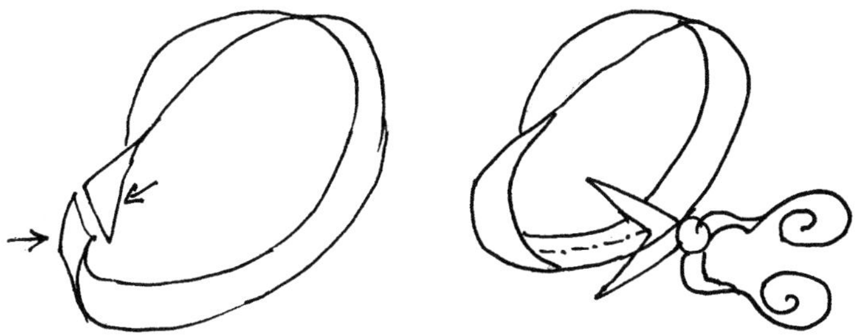

Man schneidet aus einer Zeitung 4 cm große Streifen, die man zu einem etwa 1,5 m langen Streifen zusammenklebt. Der Streifen wird nun zu einem Ring zusammengeklebt, allerdings erst nachdem man den Streifen einmal um sich selbst gedreht hat. Schneidet oder reißt man den Ring der Länge nach durch, erhält man erstaunlicherweise einen Riesenring. Schneidet oder reißt man diesen Riesenring noch einmal der Länge nach auseinander, so erhält man zwei Ringe, die miteinander verbunden sind.

7. Ein Zeitungskonzert

Schon beim Hantieren mit der Zeitung fällt auf, dass jede Bewegung ein Geräusch verursacht. Wir experimentieren mit einigen Geräuschen:
Rascheln ist einfach zu erzeugen und es kann laut und leise und langsam und schnell sein. Manchmal klingt das Rascheln wie Regen oder wie knisterndes Feuer oder wie raschelndes Laub.

Reißgeräusche werden durch Reißen von Streifen erzeugt. Die Streifen können langsam oder schnell gerissen werden. Es können lange Streifen langsam und kurze Streifen schnell gerissen werden.
Ein sehr leises Geräusch erzeugt das einfache Wedeln mit einem Zeitungsblatt.
Ein explosiver Klang entsteht, wenn mehrere Kinder gleichzeitig ein Zeitungsblatt in der Mitte auseinander reißen.
Nachdem genug mit verschiedenen Zeitungsgeräuschen experimentiert worden ist, kann das Zeitungskonzert beginnen:
Zunächst werden Gruppen mit „Raschlern", „Lange-Streifen-Reißer und „Kurze-Streifen-Reißer", „Wedlern", „Knallern" und was sonst noch für Zeitungsgeräusche entdeckt worden sind, gebildet.
Ein Dirigent deutet jeweils auf eine oder mehrere „Orchestergruppen", die auf seinen Einsatz hin ihr Geräusch machen.
Zum Schluss des Konzertes werden die einzelnen Zeitungsinstrumente zu einem Ball zusammengeknüllt und in einen Papierkorb geworfen.

8. Zeitungsgeister

Aus Zeitungsblättern können auch Figuren gerissen werden. Besonders lustig sind gerissene Zeitungsgeister, mit denen wir ein Schattentheater veranstalten können. Am einfachsten erscheinen die gerissenen Zeitungsgeister als Schatten, wenn man sie auf einen Tageslichtprojektor legt.

9. Die Zeitungsrose geht auf

Bei diesem Spiel benötigen wir eine Schüssel voll Wasser und verschiedene Papiersorten (z.B. Zeitungspapier, Löschpapier, Schreibpapier), aus denen wir jeweils einfache Rosen falten:

Wir schneiden Papierquadrate mit etwa 8 cm Seitenlänge aus den verschiedenen Papiersorten. Die vier Ecken des Quadrates werden bis zum Mittelpunkt gefaltet. Das so gefaltete Quadrat legen wir auf das Wasser. Je nach Saugkraft der Papiersorte geht die Rose schnell oder langsam auf. Schreibpapier braucht lange, die Zeitungsrose oder die Rose aus Löschpapier gehen rasch auf. Einfallsreiche Kinder sind auch schon auf die Idee gekommen, eine Rose aus drei Lagen mit verschiedenen Papiersorten zu bauen. Die unterste Lage muss dabei das saugfähigste Papier bilden, bei dem sich die Rose rasch öffnet. Die oberste Lage soll sich möglichst langsam öffnen.

Spiegelspiele

Spiegel haben sowohl für Kinder als auch für Erwachsene eine besondere Faszination, die vielleicht etwas mit den zahlreichen Mythen zu tun hat, die sich um den Spiegel ranken. Zu nennen wäre hier das Märchen von Schneewittchen, in dem die böse Königin ihren Spiegel immer wieder fragt, wer die Schönste im ganzen Lande sei. Der Aberglaube, dass man beim Zerbrechen eines Spiegels 7 Jahre Pech hat, geht auf den Mythos zurück, dass Seele und Spiegelbild etwas miteinander zu tun haben. Nicht zuletzt soll hier die Erzählung von Lewis Carroll „Alice hinter den Spiegeln“ erwähnt werden, in der Alice durch einen Spiegel geht und so in ein Wunderland

gelangt. Die Bedeutung des Spiegels haben auch die Spielwarenhersteller erkannt, die in ihren Katalogen vom Riesenspiegelkasten, in den sich ein Kind hineinlegen kann bis zum kleinsten runden Taschenspiegel alle möglichen Spiegelspielzeuge anbieten.
Für die hier beschriebenen Spiele reichen Taschenspiegel oder Spiegelfliesen aus dem Kaufhaus aus.

10. Spieglein, Spieglein an der Wand

Beim Blick in den Spiegel fällt auf: Der Kopf, der rausschaut, ist seitenverkehrt. Schließe ich das rechte Auge, schließt mein Spiegelbild das linke. Den Kindern fällt das zunächst gar nicht auf, da sich ja beim Schließen des rechten Auges ein Auge auf der rechten Seite des Spiegels schließt. Erst wenn sich zwei Kinder gegenüberstehen und beide das rechte Auge schließen, merken sie, dass das beim Spiegelbild anders ist. Sofort fällt die Verdrehung der Seitenverhältnisse auf, wenn man eine Schrift in den Spiegel hält z.B. ein beschriftetes T-Shirt.
Wenn sich Kinder im Spiegel anschauen, sollte man sie auf ihre Augenfarbe aufmerksam machen, da viele Kinder und auch Erwachsene nicht wissen, welche Farbe ihre Augen haben. Dass sich die Pupille im Auge von rechts nach links und umgekehrt bewegen kann, sieht man im Spiegel nur, wenn man den Kopf dreht oder wenn man den Spiegel nach einer Seite bewegt.
Im Zirkus kann man gelegentlich Clowns sehen, die ein Spiegelspiel spielen. Ein Clown hat einen Spiegel zerbrochen und muss nun selbst das Spiegelbild des anderen Clowns spielen, der in den Spiegel schaut. Dieses Spiel kann man auch mit Kindern durchführen. Praktische Bedeutung gewinnt der Spiegel, wenn Kinder und Erwachsene ihr Gesicht schminken.
Übrigens entdecken Kinder ihr Ich im Spiegel erst mit etwa zwei Jahren. Kanarienvögel glauben ihr ganzes Leben lang, dass das Spiegelbild ein anderer Vogel ist, mit dem man schnäbeln kann.

11. Ohne Spiegel Spiegelbilder sehen

Zahlreiche Gegenstände unserer Umgebung haben eine spiegelnde Oberfläche. Wir gehen mit den Kindern auf Entdeckungssuche.
Wir können unser Spiegelbild – allerdings verzerrt – in Löffeln, Gabeln, Messern, Töpfen sehen, aber auch im Wasser wie einst Narziss, der sich in sein eigenes Spiegelbild verliebt hatte. Wir sehen uns auch in Fensterscheiben und hier scheint es oft so als ob wir uns im Freien befänden, obwohl wir im Raum sind. Besonders spannend ist es, sein eigenes Spiegelbild in den Fensterscheiben eines fahrenden Zuges durch die Landschaft fahren zu sehen.

12. Spiegelkästen

Spiegel sind Meister der Inszenierung. In den Porzellankabinetten des 17. und 18. Jahrhunderts steigerten Spiegel den Überfluss ins Unermessliche. Auch wir können mit den Kindern Spiegelkästen bauen, die einen Gegenstand bis ins Unendliche vervielfachen. Zunächst sollte man jedoch mit Spiegelfliesen etwas experimentieren, um einige Gesetzmäßigkeiten von Spiegeln zu entdecken.
Mit zwei Spiegelfliesen, die wir mit einem Klebeband außen verbinden, bekommen wir einen Klappspiegel. Je kleiner der Winkel zwischen den beiden Spiegeln ist, desto öfter erscheint ein Gegenstand (z.B. ein Bleistift), der zwischen den Spiegeln steht. Eine Unendlichkeitswirkung erreicht man, wenn sich eine Person oder ein Gegenstand zwischen zwei Spiegeln befindet, die sich parallel gegenüber stehen.
Mit Spiegelfliesen kann man relativ schnell kleine Kästen z.B. in Form eines Würfels bauen, indem man einzelne Fliesen mit Klebeband miteinander verbindet.

Aufwändiger zu bauen ist ein so genannter Spiegelguckkasten. In eine Schuhschachtel schneidet man zunächst in einen der Seitenteile ein kleines Guckloch. In den Deckel schneidet man für den Lichteinfall beliebig viele Öffnungen, die man mit farbiger Folie beklebt. In der Schachtel selbst kann man nun frei mit Spiegeln, Silberpapier, Naturmaterial etc. ein kleines Szenario gestalten. Man muss nur immer wieder durch das Guckloch kontrollieren, wie das Bild in der Schachtel wirkt. Hier muss man vor allem mit der Position von kleinen Spiegeln, die man im Innern der Schachtel festklebt, viel experimentieren, bis entsprechende Spiegeleffekte durch das Guckloch bemerkt werden. Vor allem kommt es auf die Winkel an, in denen die Spiegel zueinander stehen.

13. Ich kann rückwärts und um die Ecke schauen

Die Kinder kennen den Spiegel auch als Rückspiegel im Auto. Wir versuchen mit einem Spiegel in der Hand rückwärts, ohne uns umzuschauen, zu gehen.
Ein Kind versucht hinter einer offenen Türe die Bilder der anderen Kinder über einen Spiegel einzufangen. Jedes Mal wenn ein Kind im Spiegel entdeckt wird, sieht logischerweise das im Spiegel entdeckte Kind auch den Kopf des Kindes, das den Spiegel hält.
Wenn die Kinder im Stuhlkreis sitzen und jedes Kind einen Spiegel in der Hand hat, kann man viele Kinder im Spiegel entdecken. Besonders schwierig ist es, wenn man versucht den Kopf eines Kindes über einen zweiten oder gar dritten Spiegel einzufangen. Bei diesem Spiel müssen die Spiegel schon sehr ruhig gehalten werden.
Museen mit beachtenswerten Deckengemälden sind dazu übergegangen, unter die Deckengemälde einen Tisch mit einem Spiegel zu stellen. Dadurch werden den Museumsbesuchern schwierige Kopfverdrehungen erspart.

Mit den Kindern können wir über einen Spiegel die Wolkenbilder betrachten, ohne dass wir den Kopf nach oben drehen müssen. Aber Vorsicht! Auf keinen Fall in die Sonne schauen. Bei der Betrachtung von Sternbildern ist ein Spiegel sehr nützlich, denn man kann auf das jeweilige Sternbild im Spiegel deuten.
Nicht zuletzt sollen so genannte Periskope erwähnt werden, mit deren Hilfe Kinder z.B. einen Karnevalsumzug auch über die Köpfe der Erwachsenen beobachten können.
Die Möglichkeit mit dem Spiegel um die Ecke zu schauen, nutzen auch viele Berufe wie z.B. der Zahnarzt mit seinem Mundspiegel. Oder man denke an die Spiegel an unübersichtlichen Kreuzungen.

14. In die Unendlichkeit schauen

Wenn man sein Spiegelbild möglichst oft sehen will, muss man sich vor einen Spiegel stellen und mit einer Hand einen zweiten kleinen Taschenspiegel so vor ein Auge halten, dass die Spiegelfläche des zweiten Spiegels direkt in die des ersten schaut. Man kann mit Spiegeln auch Räume scheinbar größer erscheinen lassen, wenn man z.B. Spiegel in Ecken des Raumes platziert. In den Prunksälen von Schlössern entsteht der Eindruck großer Weite oft nur durch Spiegel.

15. Lichtspiele

Wenn jedes Kind einen kleinen Taschenspiegel hat, kann man, wenn die Sonne in den Gruppenraum scheint, Lichtpunktjagden an der Wand veranstalten. Damit jedes Kind seinen Lichtpunkt erkennt, kann man aus Papier ein Muster schneiden, das man auf den Spiegel klebt, oder man klebt einfach durchsichtige Farbfolie auf den Spiegel.

Wenn keine Sonne scheint und der Raum verdunkelt werden kann, können die Kinder mit ihren Spiegeln auch den Lichtstrahl eines Diaprojektors oder eines Tageslichtprojektors einfangen und an die Wand projizieren.
Besonders effektvoll ist es, eine Styroporkugel mit kleinen Spiegelresten zu bekleben, die Kugel drehbar aufzuhängen und mit einem Projektor oder einer Taschenlampe anzustrahlen (Discoeffekt).

16. Der verdrehte Pfeil

Wasser kann wie ein richtiger Spiegel die Seiten vertauschen. Wir betrachten einen Pfeil, der von links nach rechts zeigt durch ein leeres durchsichtiges Glas. Sobald wir Wasser in das Glas gießen, zeigt der Pfeil wie von Zauberhand umgedreht plötzlich von rechts nach links.

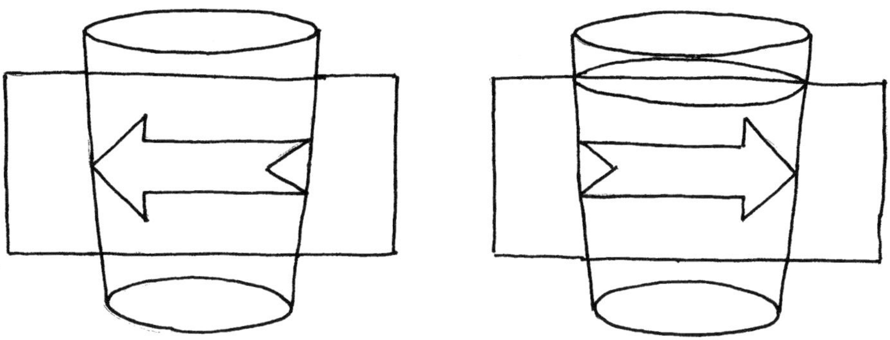

17. Symmetrien

Symmetrie nennt man u.a. die Eigenschaft von Körpern, Figuren o.Ä. die beiderseits einer gedachten Mittelachse ein jeweils spiegelgleiches Bild ergeben. Symmetrische Buchstaben sind z.B. das große „A“ oder das große

„H“ in Druckbuchstaben, d.h. wenn man an die eine Hälfte des großen As einen Spiegel stellt, ergänzt der Spiegel das vollständige A. Ein Schmetterling ist symmetrisch. Wenn man auf ein Bild von einem Schmetterling in der mittleren Achse einen Spiegel im rechten Winkel hält, erscheint der ganze Schmetterling.
Obwohl ein Apfel nicht direkt symmetrisch ist, wirkt ein halber Apfel, den man auf einen Spiegel legt wie ein ganzer Apfel. Interessant ist in diesem Zusammenhang, wenn man die Kinder mit ihren Bausteinen auf einem Spiegel bauen lässt.

Spiele aus dem Baumarkt

Im Baumarkt gibt es preiswertes und fantasieanregendes Spielmaterial. Hier ist in erster Linie an flexible Elektroinstallationsrohre mit einem Durchmesser von etwa 3 – 4 cm gedacht, wie man sie in Baumärkten als preiswerte Meterware erhält. Für die Wasserspiele benötigen wir Schläuche mit einem Durchmesser von etwa 0,5 cm wie man sie in einem Aquariumgeschäft als Luftschlauch für die Pumpe erhält. Außerdem benötigen wir für die Wasserspiele noch Pipetten, die wir in Apotheken erhalten und Jogurtbecher.

Dünne Folien, wie man sie z.B. zum Abdecken der Möbel bei Malerarbeiten verwendet, sind ein ideales Spielgerät. Sie reagieren auf jede Bewegung und jeden Luftzug sofort mit fließenden und eleganten Bewegungen. Aggressive, ruckartige Bewegungen lassen die Folie allerdings reißen. Man erkennt daher an der Art und Weise, wie eine Gruppe mit der Folie umgeht, die aktuelle Stimmung in der Gruppe. Schon beim Entfalten der Folie gerät diese in Bewegungen, die zum Spielen motivieren. Musikstücke mit weichen, fließenden Rhythmen eignen sich zur Begleitung der Folienspiele.

18. Der Schlauch als Höhrrohr

Bevor wir den Kindern die auf ca. einen Meter zugeschnittenen Elektroinstallationsrohre – auch bekannt als Heulschläuche – in die Hand geben, machen wir sie eindringlich darauf aufmerksam, dass sich in unseren Ohren ein dünnes Häutchen (Trommelfell) befindet, das durch laute Töne leicht verletzt werden kann. Das heißt, ein Kind darf nie einem anderen Kind über den Schlauch laut in das Ohr schreien. Um zu testen, wie empfindlich unsere Ohren sind, spricht oder flüstert jedes Kind zunächst in sein eigenes Ohr. Danach kann man einem anderen Kind etwas in das Ohr flüstern und dieses Kind kann über einen zweiten Schlauch zurückflüstern.

Man kann eine Nachricht über mehrere Schläuche an ein Kind weitergeben. Die Kinder müssen ihre Schläuche nur mit den Händen miteinander verbinden.
Ein interessantes Geräusch entsteht, wenn wir eine Murmel in einem Schlauch rollen lassen. Man hält dann das linke Schlauchende an das linke Ohr und das rechte Schlauchende an das rechte Ohr. Wenn man dann den Kopf hin und her bewegt, rollt die Murmel hin und her und erzeugt das Geräusch eines Motorrades.
Man kann die Murmel auch im Kreis rollen lassen, wenn man die beiden Schlauchenden in einer Hand miteinander verbindet und den dadurch entstandenen Reifen mit der Hand entsprechend bewegt.

Interessante Geräusche hören wir in unserem Schlauch, wenn wir ein Ende des Schlauches in einen fließenden Bach halten. Mit sehr feinen Ohren kann man über den Schlauch auch sein eigenes Herz hören. Besser geht dies allerdings mit einem richtigen Stethoskop, wie es der Arzt zum Abhören benutzt.

19. Im Schlauch sind Töne versteckt

Schon wenn wir den Schlauch an das Ohr halten und wenn es im Raum sehr ruhig ist, hören wir einen leisen Ton im Schlauch schwingen. Auch wenn

wir mit der flachen Hand auf den Schlauch trommeln, hören wir Töne. Lustig wird es, wenn wir die Schläuche über dem Kopf drehen. Dabei muss genügend Abstand zwischen den Kindern sein, damit kein Kind von einem Schlauch getroffen wird.
Je schneller wir die Schläuche drehen, desto höher (die Kinder sagen „desto heller“) wird der Ton. Wir können ein kleines Konzert veranstalten: Eine Gruppe erzeugt nur tiefe (dunkle) Töne und eine andere Gruppe erzeugt hohe (helle) Töne. Die Gruppen wechseln sich ab.

20. Eine Schlauchkugelbahn

Die flexiblen Elektroinstallationsrohre kann man in Rollen zu 25 Metern kaufen. Bevor man die Rolle zerschneidet, sollte man die Kinder mit dem ganzen Schlauch spielen lassen. Die Kinder verwenden ihn gerne als Kugelbahn, die sie in den Sand der Sandkiste einbauen.

21. Ein Springbrunnen

Für einen Springbrunnen benötigen wir einen ca. 50 cm langen dünnen Schlauch (z.B. Aquariumluftschlauch). Ein Ende des Schlauches stecken wir in ein kleines Loch, das wir in den Boden eines Jogurtbechers gebohrt haben und dichten den Anschluss mit Plastilin ab. In das andere Ende des Schlauches stecken wir eine Pipette. Jetzt füllen wir den Jogurtbecher mit Wasser und halten ihn in der linken Hand. Mit der rechten Hand halten wir das Schlauchende mit der Pipette. Solange sich der Jogurtbecher und die Pipette die Waage halten, läuft kein Wasser. Sobald man aber den Jogurtbecher höher als die Pipette hält, beginnt der Springbrunnen zu spritzen.

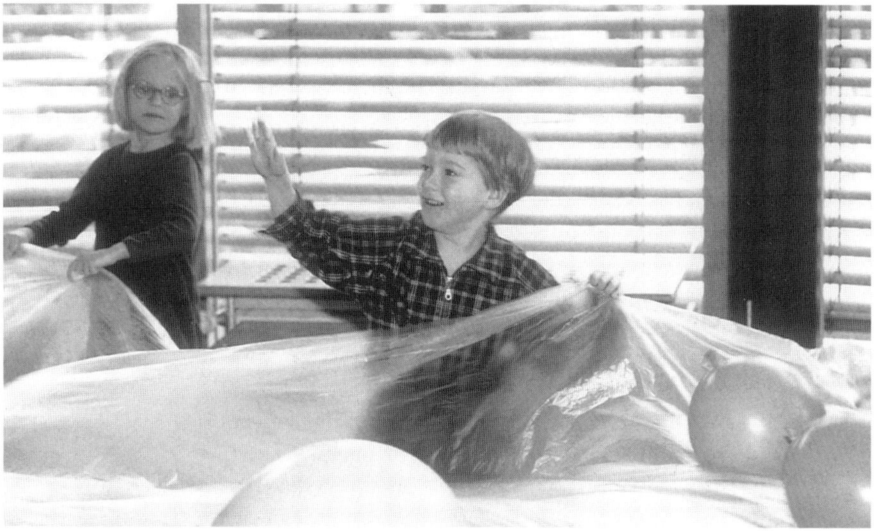

22. Das Folienmeer

Die Kinder spannen gemeinsam eine Folie aus, indem auf jeder Seite der Folie einige Kinder stehen, die die Folie halten ohne an ihr zu ziehen. Zunächst versuchen wir die Folie in Ruhe zu bringen, so dass sie wie eine glatte Wasserfläche wirkt. Sobald die Kinder die Folie an einer Seite etwas bewegen, breitet sich eine Welle über die ganze Folie aus. Wir erzeugen zunächst ganz kleine Wellen, indem wir die Folie ganz leicht an den Rändern schütteln. Stärkeres Schütteln erzeugt große Wellen.
Gemeinsam versuchen wir, die Folie in die Höhe zu heben. Beim Hochheben spüren wir den Luftwiderstand. Danach senken wir die Folie so weit, bis sie schließlich fast auf dem Boden liegt. Wir warten ab, bis sich die Fläche ganz geglättet hat.
Eine Domkuppel erzeugen wir so: Die Kinder heben die Folienfläche langsam in die Höhe. Wenn sie am höchst möglichen Punkt angelangt ist, treten alle Kinder gleichzeitig einen Schritt zur Mitte vor und es entsteht eine kuppelartige Wölbung der Folie. Wenn in diesem Augenblick alle Kinder die Folie gleichzeitig los lassen, schwebt sie wie eine Qualle im Raum.

23. Fische im Folienmeer

Wir erklären Luftballons zu Fischen, die wir in unserem Folienmeer tanzen lassen. Da der Luftballon sehr langsam schwebt, muss die Folienfläche auch langsam bewegt werden.
Schneller wird das Tempo der Bewegungen, wenn wir einen Tischtennisball auf der Fläche rollen lassen. Hier muss die Gruppe, zu der der Ball gerade rollt, sehr rasch reagieren und die Folie hochhalten, sonst rollt der Ball über den Rand. Eine gut eingespielte Gruppe kann auch zwei oder mehrere Tischtennisbälle auf der Fläche rollen lassen.

24. Foliensegel

Im Freien macht das Spiel mit der Folie besonderen Spaß, wenn Wind weht. Wir können versuchen, eine Folie wie ein Segel in den Wind zu halten. Wir werden den Winddruck spüren und ab einer bestimmten Windstärke die Folie nicht mehr halten können. Die Folie fliegt dann wie ein Gespenst umher und bleibt zur Freude von Hausmeistern oft an einem Baum hängen.

Spiele mit Untersetzern, Flaschen und Korken

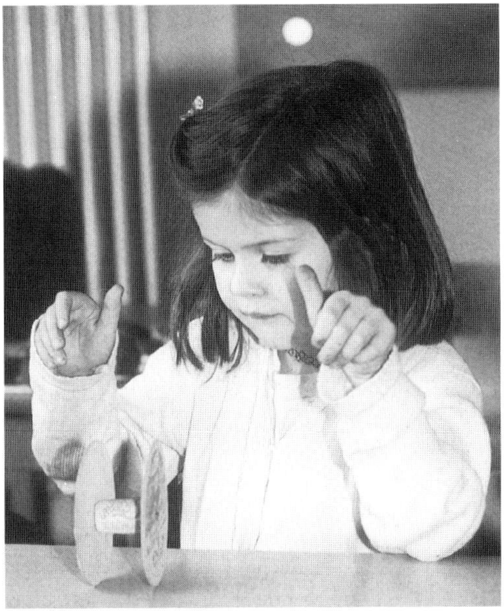

Wenn sich Kinder in einem Gasthaus langweilen, weil es so lange dauert, bis das Essen kommt, entdecken sie zur Freude der Bedienung meist die Bieruntersetzer als Spielzeug. Hier einige Spiele, die man aber besser zu Hause oder im Kindergarten spielt:

25. Das Untersetzerrad

Wenn man den richtigen „Dreh" heraus hat, kann man Untersetzer wie ein Rad auf dem Boden rollen lassen. Welches Rad rollt am längsten, welches am weitesten?
Schwieriger ist es, einen Untersetzer um zwei andere rollen zu lassen.

Für dieses Spiel benötigt man Geduld, eine ruhige Hand und drei Untersetzer. Einen Untersetzer hält man am Rand mit den Fingern der linken Hand und einen mit den Fingern der rechten Hand. Nun versucht man den dritten Bieruntersetzer zwischen den beiden Untersetzern, die man mit den Fingern hält, rollen zu lassen.
Ein einfaches Rad kann man mit zwei Untersetzern konstruieren, die man mit einem Korken miteinander verbindet.

26. Ein Korkenturm

Man legt auf drei Korken einen Untersetzer und bekommt dann einen Tisch. Auf diesen Tisch kann man wieder einen Tisch bauen und sofort. Stabiler wird der Turm, wenn man die Untersetzer auf die Korken klebt oder wenn man sie mit einer Nadel an den Korken befestigt.

27. Der Untersetzersprung

Ein Untersetzer wird so auf den Rand einer Tischkante gelegt, dass genau die Hälfte über dem Tischrand liegt. Nun schlägt man mit der Rückseite der Finger einer Hand den Untersetzer von unten nach oben, so dass er eine Drehbewegung ausführt. Blitzschnell versucht man dann den Biersetzer mit den Fingern noch in der Luft zu schnappen.

28. Untersetzerzielwerfen

Man markiert auf dem Boden einen Zielpunkt. Aus einer angemessenen Entfernung versucht man den Zielpunkt mit einem Untersetzer zu treffen. Der Untersetzer sollte wie eine fliegende Untertasse auf sein Ziel fliegen. Es braucht allerdings viel Übung bis die Pappscheiben so fliegen, wie man es gerne möchte.

29. Untersetzerkreisel

Untersetzer können rasch in einen Kreisel verwandelt werden, wenn man durch ihren Mittelpunkt einen Bleistift steckt.
Wenn wir die Oberfläche des Untersetzers mit weißem Papier bekleben, können wir diese mit allen möglichen Farben und Mustern bemalen oder bekleben und damit zahlreiche Kreiseleffekte produzieren, z.B. Farbmischungen, Spiraleffekte etc. Für Kinder ist es erstaunlich, dass z.B. ein Punkt, den sie auf den Kreisel malen, in einen Strich verwandelt wird, wenn sich der Kreisel dreht. Das interessanteste Kreiselmuster ist die so genannte Benhamsche Scheibe. Bei einer geeigneten Umdrehungsgeschwindigkeit – etwa 3 bis 10 Umdrehungen pro Sekunde – scheinen die Teilkreise zu Ringen zu verschmelzen, die uns verschieden farbig und verschieden hell erscheinen. Und dies obwohl die Scheibe nur schwarz-weiß gestaltet ist.

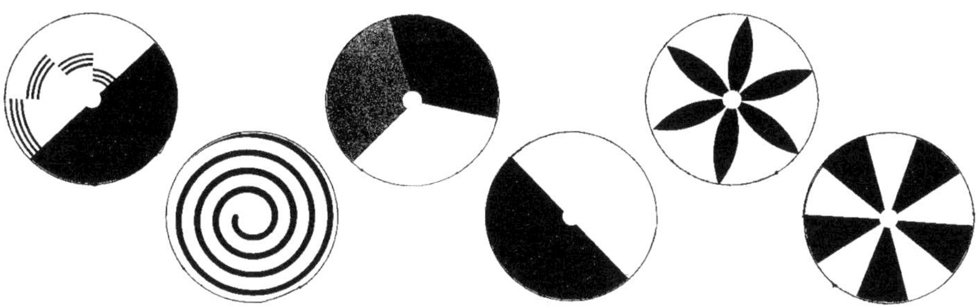

30. Ein schwieriger Korkentrick

Diesen Trick kann man nur persönlich oder mit Fotos erklären. Viele Menschen sind erst nach langer Übung und nach langem Zusehen in der Lage, den Trick nachzumachen. Dies liegt aber vor allem daran, dass viele Erwachsene ihr Handgelenk nicht entsprechend drehen können. Kinder sind viel beweglicher und schaffen deshalb den Trick in der Regel auch.

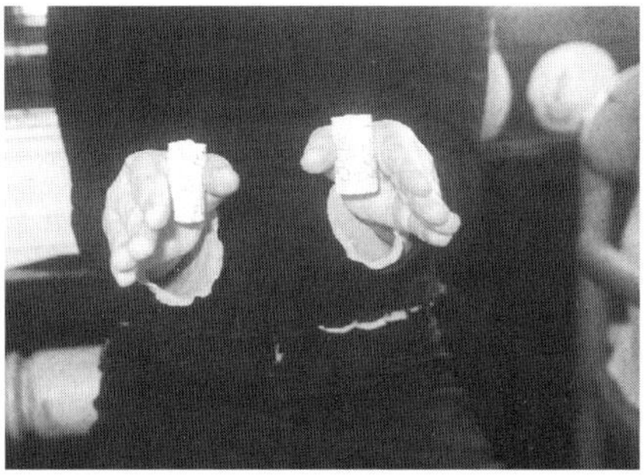

1. Man klemmt in jeder Hand zwischen Daumen und Zeigefinger einen Korken.

2. Der Zeigefinger der rechten Hand fasst den linken Korken oben und der Daumen unten.

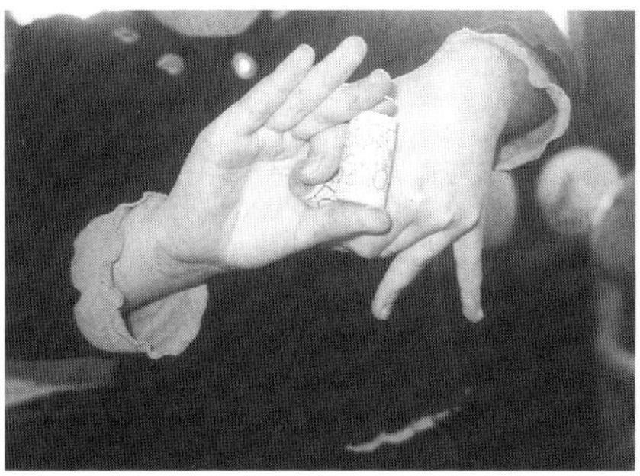

3. Jetzt kommt das Schwierigste: Der Daumen der linken Hand fasst den rechten Korken und der Zeigefinger der linken Hand versucht den Korken durch eine Drehung oben zu fassen.

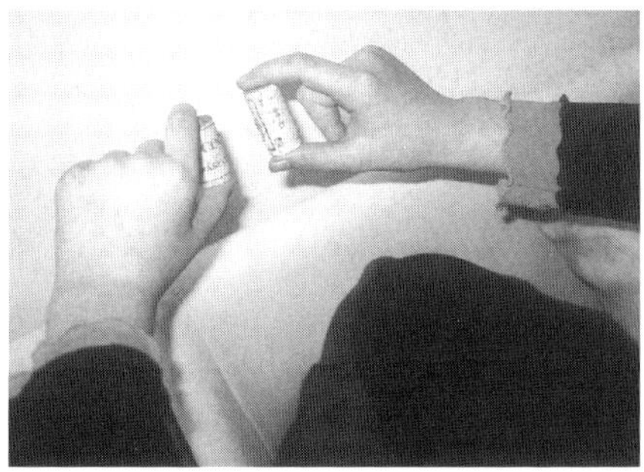

4. Wenn man den Dreh geschafft hat, können die beiden Korken wie durch ein Wunder auseinander genommen werden.

31. Das Flaschengeduldsspiel

Wir basteln aus einem etwa 50 cm langen Stock und einer etwa 60 cm langen Schnur eine Angel. Als Köder hängen wir an das Ende der Schnur einen langen Nagel. Die Kinder sollen nun versuchen, den Nagel über die Angel in den Hals einer auf dem Tisch stehenden Flasche zu bringen.

32. Ein Flaschenkonzert

Vom Bieruntersetzer ist es nicht allzu weit zur Flasche. Der Flaschenhals und die Flasche sollten allerdings sorgfältig gereinigt werden, denn wir wollen mit der Flasche blasen. Die meisten Kinder blasen zunächst direkt in die Flasche und erzeugen damit keinen Ton. Ein Ton entsteht erst, wenn der Luftstrom über die Kante des Flaschenhalses streicht. Wenn man den Dreh heraus hat, steht einem Flaschenkonzert nichts mehr im Wege. Mit großen Flaschen erzeugen wir dunkle und mit kleinen Flaschen helle Töne. Durch Einfüllen von Wasser kann die Tonhöhe verändert werden. Je mehr Wasser in die Flasche gefüllt wird, desto heller wird der Ton.

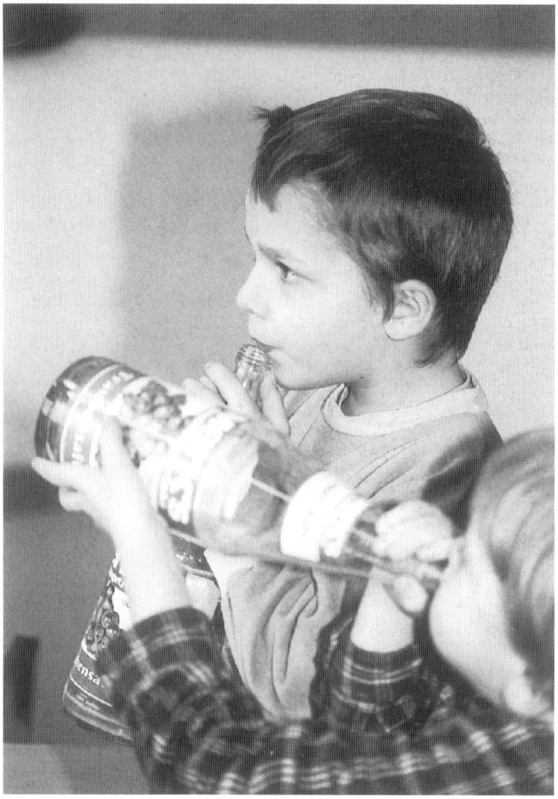

Nasse und luftige Spiele

Wasser ist ein „Spielmaterial“ für das wir eigentlich keine weiteren Materialien benötigen. Kindern reicht es zunächst, mit ihren Händen und mit ihrem Körper im Wasser planschen zu können. Voraussetzung für ein lustvolles Wasserspiel ist allerdings eine angenehme Wassertemperatur. Das Spiel mit dem Wasser kann Aggressionen abbauen, da es entspannt. Mit einigen Alltagsmaterialien können wir weitere Spiele im Wasser anregen.

33. Gegenstände auf und unter Wasser

Schwimmen ist für die meisten Kinder mit Bewegung verbunden. Ein Holzstück, das ruhig auf dem Wasser liegt, schwimmt zwar im physikalischen Sinn, aber nicht für Kinder. „Es liegt einfach auf dem Wasser.“
Wir legen verschiedene Gegenstände wie z.B. Bausteine auf das Wasser und beobachten, ob sie auf dem Wasser bleiben oder ob sie untergehen.
Man möchte es fast nicht glauben, aber sogar eine Rasierklinge und eine Nadel bleiben wegen der Oberflächenspannung auf dem Wasser liegen, wenn sie nur genügend vorsichtig darauf gelegt werden. Am besten legt man sie auf ein Löschpapier, das man mit den Gegenständen auf das Wasser legt. Das Löschpapier sinkt, wenn es sich mit Wasser vollgesogen hat und die Gegenstände bleiben auf dem Wasser liegen. Mit einem Tropfen Spülmittel können wir die Oberflächenspannung des Wassers aufheben.
Dass das Wasser eine starke Oberflächenspannung hat, können die Kinder auch spüren, wenn sie mit der flachen Hand auf die Wasseroberfläche schlagen.
Tischtennisbälle und Korken lassen sich nur schwer unter Wasser drücken. Wenn man sie bis auf den Grund drückt und unter Wasser loslässt, schießen sie beim Aufsteigen sogar über die Wasseroberfläche hinaus.
Bei allen Spielen sollte die Fantasie im Vordergrund stehen und nicht etwa physikalische Erklärungen, die wir meist ohnehin nur unvollständig wiedergeben können. Wie war das doch gleich mit Archimedes, dem Auftrieb und der Goldkrone? (Im Internet erhält man die Erklärung unter *www.b-dim.de/demo/dm/physik/arwa.htm).*
Kinder interessieren sich auch dafür, mit wie vielen Gegenständen man ein Schiff oder ein Floß beladen kann, bis es untergeht. Das einfachste Floß ist ein Blatt Papier, das sich je nach Saugfähigkeit ziemlich lange auch mit Gegenständen beladen auf dem Wasser halten kann.
Dass das Gewicht der Gegenstände nicht ausschlaggebend für ihre Schwimmfähigkeit ist, also der dicke große Ast genauso auf dem Wasser bleibt, wie der kleine Baustein, setzt Kinder zunächst in Erstaunen.

34. Wasserstrahlen

Wir bohren in Büchsen oder Plastikflaschen Löcher, füllen sie mit Wasser und beobachten, mit welchen Strahlen das Wasser aus ihnen fließt. Sind Löcher von oben nach unten gebohrt, dann werden die Wasserstrahlen immer schwächer, je weiter das Wasser nach unten sinkt. Sind die Löcher am unteren Gefäßrand rundum gleichmäßig gebohrt, dann bleiben die Wasserstrahlen, bis das Wasser abgeflossen ist, gleichmäßig stark. Wenn zwei Löcher nahe beieinander liegen, kann es geschehen, dass sich die Wasserstrahlen wie ein Zopf miteinander verflechten.

35. Die Plastilinkugel lernt schwimmen

Wir formen eine Kugel aus Plastilin. Bleibt sie auf dem Wasser? Bekanntlich nein, sie geht unter.
Wir formen aus der Kugel einen Schiffskörper und siehe da – das Plastilinschiff bleibt auf dem Wasser! Wir können das Schiff sogar mit Gegenständen beladen, ohne dass es sinkt. Das ist es: das sogenannte Prinzip von der Wasserverdrängung. Also bleiben dicke Menschen leichter auf dem Wasser als schlanke, oder?

36. Zündholzschiffchen

Bis jetzt lagen unsere Gegenstände nur auf dem Wasser und sind nicht im Sinne der Kinder geschwommen. Wir bauen jetzt ein schwimmendes Zündholzschiff.
Wir spalten ein abgebranntes Zündholz am hinteren Ende leicht auf. In den Schlitz schmieren wir etwas Seife, legen das präparierte Holz auf das Wasser in einer Schüssel und schon beginnt es sich im Wasser zu bewegen. Mit einem Tropfen Spülmittel im Schlitz erfolgt die Bewegung schneller.

37. Ein Tintenfisch unter Wasser

Wir füllen ein kleines Fläschchen mit blau gefärbtem Wasser, das wir vorher etwas erwärmt haben und verschließen das Fläschchen mit einem Korken. Wir stellen es in ein Einmachglas voll kaltem Wasser. Unter Wasser öffnen wir das Fläschchen. Das blaue Wasser strömt wie aus einem Vulkan an die Oberfläche.

38. Der Tischtennisball in der Taucherglocke

Ein umgestülptes Wasserglas in ein Wasserbecken einzutauchen, erfordert etwas Kraft, da sich Luft im Glas befindet. Ein Tischtennisball, den wir mit dem Glas in das Wasser tauchen bleibt trocken und am Grund des Glases. Sobald wir das Glas im Wasser schräg halten entweicht die Luft mit einem Blopp, der Tischtennisball steigt im Glas nach oben und wird natürlich nass.

39. Farbspiele im Wasser

Mit einer Pipette tropfen wir gefärbtes Wasser in ein mit Wasser gefülltes, großes Marmeladeglas. Wenn das farbige Wasser kälter ist, als das Wasser im Marmeladeglas, wird es mit interessanten Farbschlieren nach unten sinken.

40. Der Luftsprudler

Wenn Kinder ein Glas Wasser mit Trinkhalm bekommen, muss man ihnen nicht erklären, dass sie mit dem Trinkhalm Luft in das Wasser sprudeln können. Dass sie mit dem Trinkhalm aber auch kleine Mengen Wasser von einem Glas in ein anderes transportieren können, muss man ihnen zeigen. Man steckt den Trinkhalm in ein Glas mit Wasser, hält danach die obere

Öffnung des Trinkhalmes mit dem Finger zu und zieht den Trinkhalm aus dem Wasser. Über einem leeren Glas nimmt man den Finger vom Trinkhalm weg und es läuft Wasser aus dem Trinkhalm.

41. Luftballonraketen

Auch ohne eine bestimmte Konstruktion saust ein aufgeblasener Luftballon im Raum herum, wenn man die Luft raus lässt und den Luftballon nicht festhält. Wenn sich der Luftballon auf einer bestimmten Bahn bewegen soll, muss man eine kleine Vorbereitung treffen: Man spannt eine dünne Schnur im Raum, auf die man vorher einen Trinkhalm aufgezogen hat. Mit Tesafilm befestigen wir einen aufgeblasenen Luftballon an dem Trinkhalm. Sobald die Luft aus dem Ballon gelassen wird, saust der Luftballon auf der Bahn, die durch die gespannte Schnur vorgegeben ist, davon.

42. Der magische Luftballon

Der magische Luftballon ist einer, in den man mit einer Stecknadel stechen kann, ohne das er zerplatzt. Das Geheimnis dieses spannenden Tricks ist, das man an irgendeiner Stelle des Luftballons ein Stück Tesafilm klebt. Die Stecknadel wird an dieser Stelle vorsichtig in den Ballon gestoßen. Meist halten sich die Kinder die Ohren schon zu, wenn sich ein Kind mit einer Stecknadel dem Luftballon nähert. Um so größer wird ihr Erstaunen sein, wenn der Luftballon gar nicht laut zerplatzt.

Spiele mit Papier

Immer wenn man gar nicht mehr weiß, womit die Kinder sich beschäftigen könnten, gibt man ihnen ein Blatt Papier und einen Stift mit dem Hinweis: „Jetzt mal irgend etwas." Es gibt aber noch eine Reihe anderer Möglichkeiten, sich mit Papier spielerisch zu betätigen.

43. Eine Brücke aus Papier

Die Aufgabe könnte lauten: Baue eine Brücke aus Papier zwischen zwei Trinkgläser und stelle ein drittes Glas auf die Brücke. Mit einem einfachen statischen Trick kann die zunächst unmöglich erscheinende Aufgabe gelöst werden: Man legt das Papier in mehrere Falten.

44. Bauwerke aus Papier

Wir können mit Papier und Kleber auch Fantasiekonstruktionen bauen. Unsere Bauelemente sind Papierstreifen, die wir in der Mitte falten. Wir können das Papier auch zu einer Säule rollen. Das Ende des gerollten Papiers wird festgeklebt.

45. Optische Papiertäuschung

Wir falten ein Stück ziemlich festes Papier in der Mitte und legen es wie ein Hausdach auf den Tisch. Wir stellen uns vor das Papierdach und zwar so, dass die Faltlinie des Papiers in Blickrichtung liegt. Wir fixieren mit einem Auge (das andere wird geschlossen) von oben die Mitte der Faltlinie. Nach einiger Zeit erscheint uns das liegende Hausdach plötzlich so, als ob es aufrecht stehen würde. Was passiert, wenn wir den Kopf langsam vor und zurück bewegen (immer mit einem geschlossenen Auge)?

46. Der Papierverschluss

Wenn wir auf ein bis zum Rand mit Wasser gefülltes Glas ein Blatt Papier decken, können wir das Glas vorsichtig umdrehen und es fließt kein Wasser aus dem Glas, da der Luftdruck das Papier fest auf das Glas presst. Aber bitte den Trick nicht auf dem Teppich ausprobieren, sondern über einem Wasserbecken.

47. Papierhut und Papierschiff

Zu den bekanntesten Faltarbeiten gehören der Papierhut und seine Fortentwicklung, das Papierschiff. Ganz leicht sind diese Faltarbeiten nicht und noch schwerer sind sie zu erklären oder zu zeichnen. Es soll hier trotzdem der Versuch einer Erklärung gewagt werden, den Kinder lernen u.a. Sprache, wenn sie mit Handlungen begleitet wird. Es ist nicht immer leicht, für jede Handlung beim Falten die entsprechenden Begriffe zu finden. Man muss sozusagen eine eigene Faltsprache entwickeln.

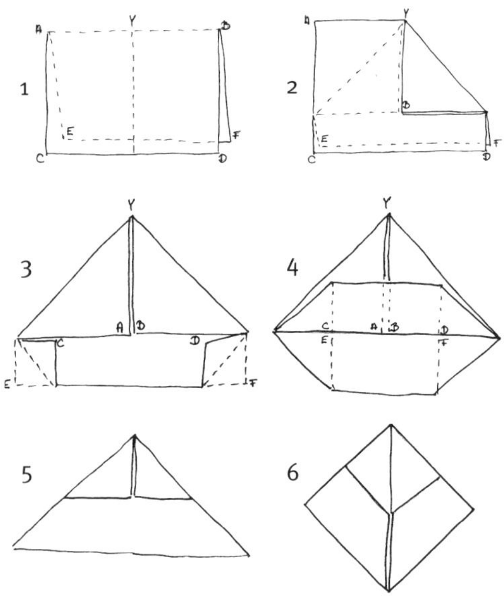

Für den Helm nehmen wir am besten eine Zeitungsseite, die wir durch Falten halbieren. Die Kante, an der wir halbiert haben, nennen wir Bug. Die halbierte Seite wird nochmals halbiert, damit wir durch den zweiten Bug die Mitte der halbierten Seite erkennen. Hört sich kompliziert an und ist bis hierher von im Falten ungeübten Kindern auch nicht so leicht durchzuführen.

Für den nächsten Faltschritt benötigen wir den Begriff der Ecke, man könnte auch sagen Eselsohr. Die linke obere und die rechte obere Ecke müssen zur Mittellinie gebogen werden. Das Gebilde, das wir durch diese Faltung bekommen erinnert an ein

Hausdach auf einem ganz niedrigen Haus. Jetzt gilt es, die beiden vom Dach herunter hängenden Streifen vorne und hinten nach oben zu falten und die über das Dach stehenden Ecken umzubiegen, so dass wir jetzt ein klares Dach oder, mathematisch ausgedrückt, ein Dreieck vor uns haben. Jeder weiß, was jetzt zu machen ist, aber wie nennt man diese Handlung? Das Dreieck öffnen oder die unteren Seiten des Dreiecks auseinander ziehen oder …? Jetzt haben wir einen Hut, den wir auch aufsetzen können.

Durch Umbiegen der Ecken des Hutes und Auseinanderziehen des Dreieckes erhalten wir das berühmte Papierschiff, das so lange auf dem Wasser schwimmt, bis sich das Papier voll Wasser gesogen hat oder bis die Kinder das Schiff mit Gegenständen überladen haben.

Wer Geschmack am Falten gefunden hat, kann sich zahlreiche Anregungen aus den Büchern *Susanne Stöcklin-Meier, „Falten und Spielen“, Ravensburger oder Lucio / Geißler / Spütz, Verzaubertes Papier, Don Bosco* holen. Motto: „Wer faltet, kann sich entfalten.“

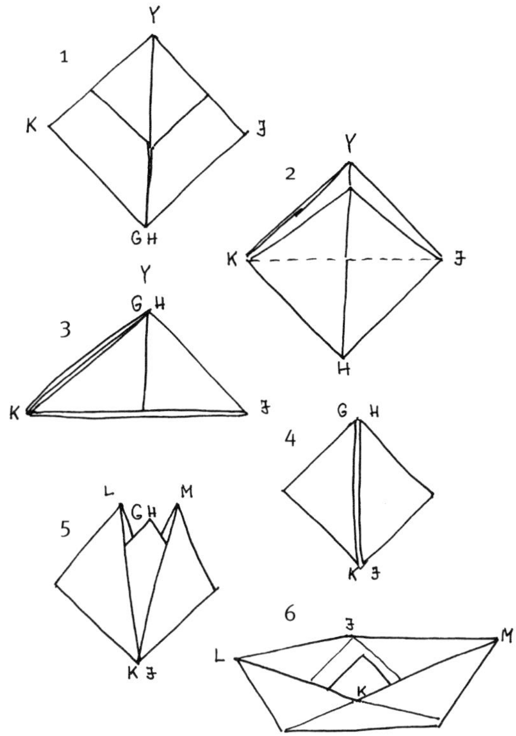

48. Papierflieger

Papierflieger zu falten ist eine eigene Wissenschaft, die von vielen Menschen als ernsthaftes Hobby betrieben wird. Relativ leicht lässt sich ein fliegendes Ahornblatt mit Papier falten. Das Papierahornblatt fliegt in ständigen Drehbewegungen von oben nach unten.

Der hier beschriebene Papierflieger fliegt weit, wenn er sauber gefaltet ist und entsprechend geworfen wird. Weitere Anregungen für Papierflieger findet man in dem Buch von *René Lucio und Jan Spütz, „Papierflieger“, Ravensburger Verlag.*

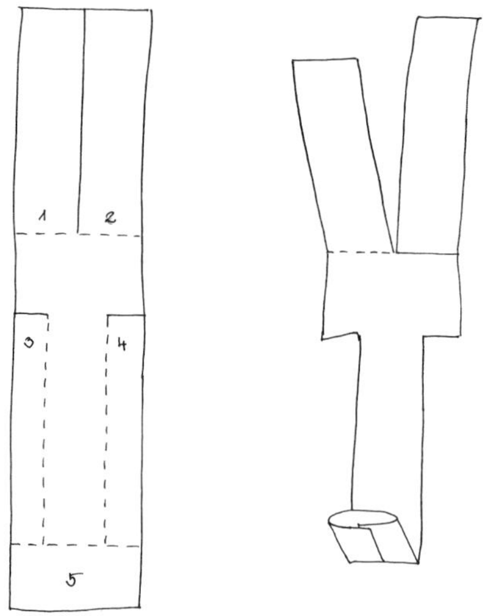

1

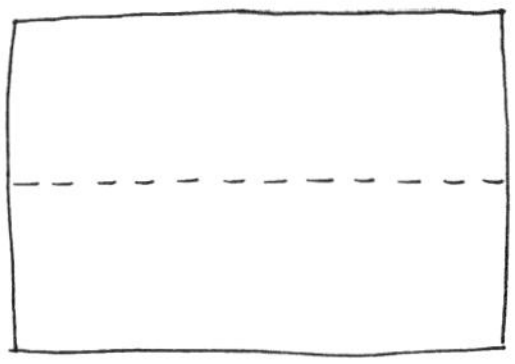

2

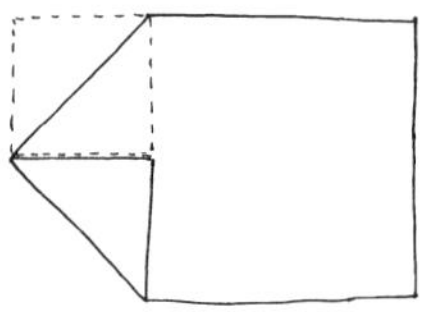

3

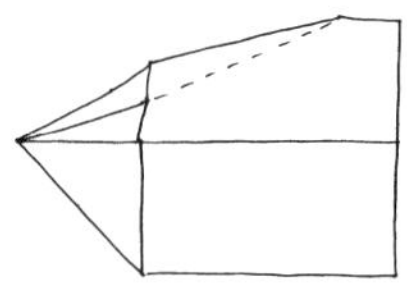

4

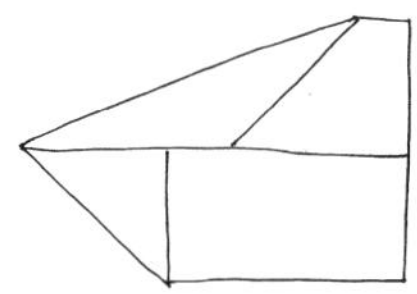

5

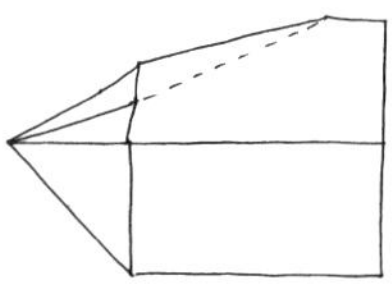

6

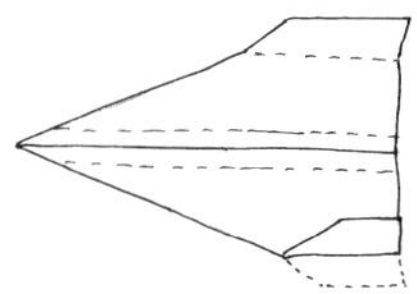

7

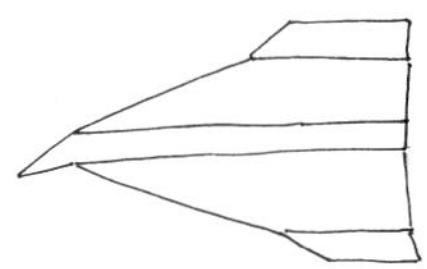

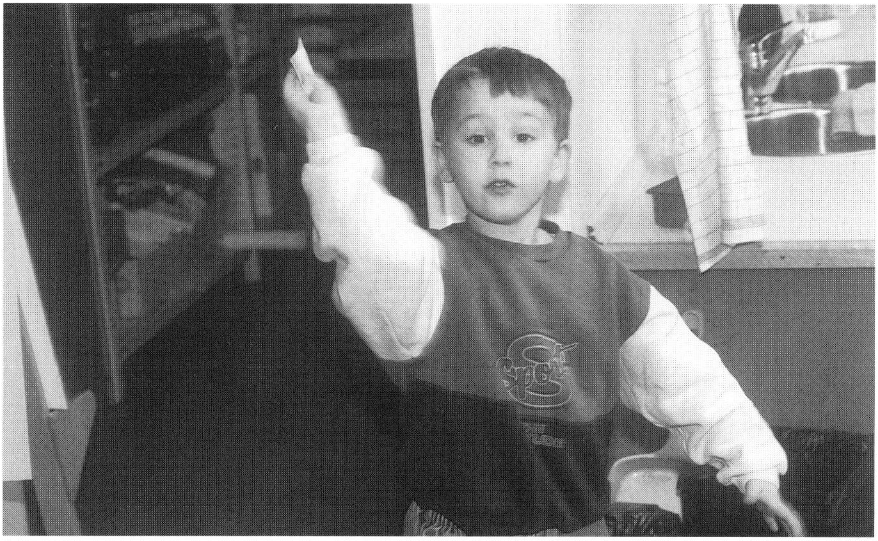

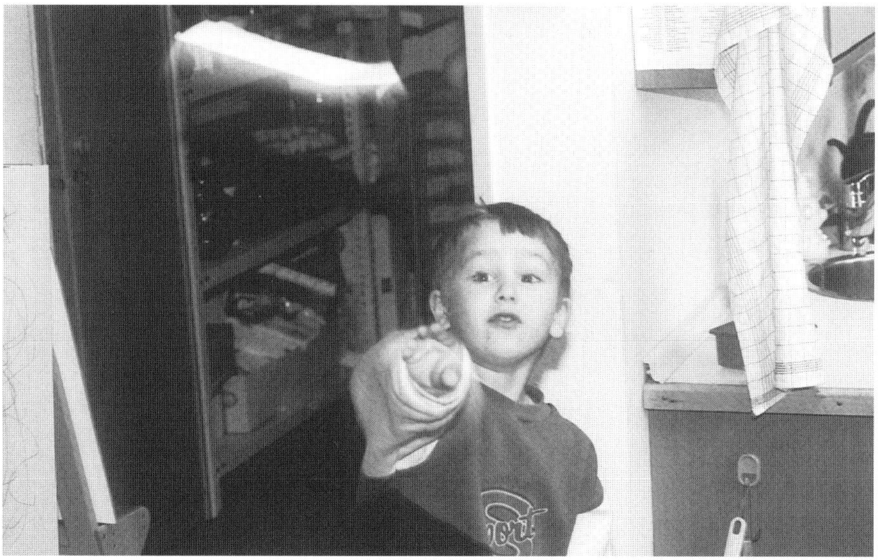

49. Der verdrehte Geldschein

Noch ein einfacher Falttrick, der allerdings mit einem wertvollerem Stück Papier, nämlich einem Zehnmarkschein oder Zehneuroschein vorgeführt werden sollte.
Man zeigt den Zehnmarkschein so, dass das dort abgebildete Gesicht richtig zu den Zuschauern zeigt. Dann faltet man den Geldschein in der Mitte nach oben, so dass das Gesicht nicht mehr zu sehen ist. Danach faltet man die rechte Hälfte zurück hinter die linke Hälfte und danach noch einmal die rechte Hälfte hinter die linke. Wenn man nun den Geldschein entfaltet, steht der Kopf kopf.

50. Das tönende Papier

Neben den bekannten Raschel- und Reißgeräuschen kann man mit Papier Töne durch Blasen erzeugen. Man faltet ein Stück Papier etwa in Postkartengröße in der Mitte. In die Mitte des Bugs reißt man eine kleine Einkerbung. Dann hält man das Stück Papier an den Seitenrändern mit beiden Händen an den Mund und bläst kräftig in die eingerissene Kerbe. Der dadurch erzeugte Ton ist zwar nicht schön, aber laut.

51. Neue Perspektiven

In Papier oder Karton eingeschnittene Öffnungen vermitteln interessante Teilansichten von Bildern, wenn man das Papier mit den Öffnungen wie eine Folie über verschiedene Bilder schiebt. Durch die Papieröffnungen kann man auch wie durch einen Fotoapparat seine Umgebung betrachten.

52. Figuren tasten

Wenn wir mit einer Nadel ein Loch in ein Blatt Papier stoßen, können wir das Loch mit den Fingerspitzen tasten, da das Papier auf der Seite, wo die Nadel herauskommt, eine leichte Erhebung bekommt. Wir können mit der Nadel Figuren wie Kreise, Blumen, Häuser u.Ä. einstechen. Nur mit Tasten soll erraten werden, welche Figur eingestochen wurde. Die Figuren sollen nicht zu klein gestochen werden, da es sonst für die Finger zu schwer wird, sie zu ertasten.

53. Der bewegte Papierstern

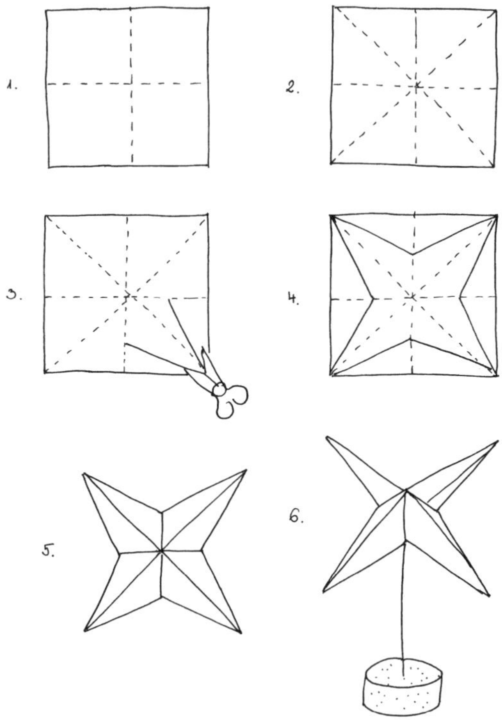

Man möchte es nicht glauben, aber viele Kinder sind auch im Computerzeitalter noch beeindruckt, dass sich Papier durch elektrisch aufgeladene Plastiktrinkhalme, Plastikkämme und Plastiklineale bewegen lässt. Besonders eindrucksvoll kann die elektrische Aufladung mit einem Papierstern, der auf einem Hölzchen drehbar aufliegt, gezeigt werden. Zunächst den Papierstern wie in der Zeichnung dargestellt basteln. Danach den Stern mit der Mitte auf ein Hölzchen (z.B. Zahnstocher) legen, das in einem Korken steckt. Danach einen Plastiktrinkhalm durch Reiben an einem Wollkleidungsstück aufladen. Jetzt kann man den Stern mit dem Trinkhalm drehen lassen, ohne dass der Trinkhalm den Papierstern berührt.

54. Durch ein kleines Stück Papier kriechen

Noch ein kleiner Papiertrick für „Wetten dass“. Kann man durch ein postkartengroßes Stück Papier kriechen? Ja, wenn es entsprechend präpariert bzw. geschnitten wird. Man faltet das Stück Papier der Länge nach zur Hälfte zusammen. Danach schneidet man das Papier ein: einmal von der Seite her, wo der Faltbruch oder der Bug ist und einmal von der gegenüberliegenden Seite, immer abwechselnd und dicht nebeneinander. Wichtig ist, dass man zwar den Einschnitt bis ca. 1 cm an den Kartenrand macht, aber der Kartenrand darf nicht durchschnitten werden. Wenn man am Ende der Karte angelangt ist, nimmt man sie vorsichtig auseinander und schneidet den Faltbruch durch. Nur die beiden schmalen Streifen am Anfang und am Ende dürfen nicht durchschnitten werden, sonst erhält man nur eine Kette und keinen Ring durch den man kriechen kann.

1

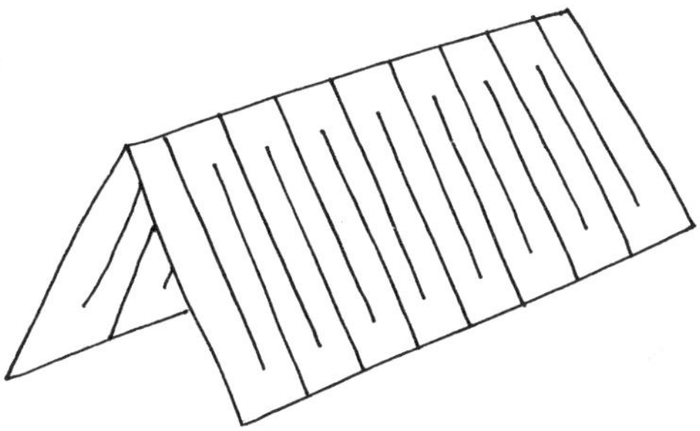

2

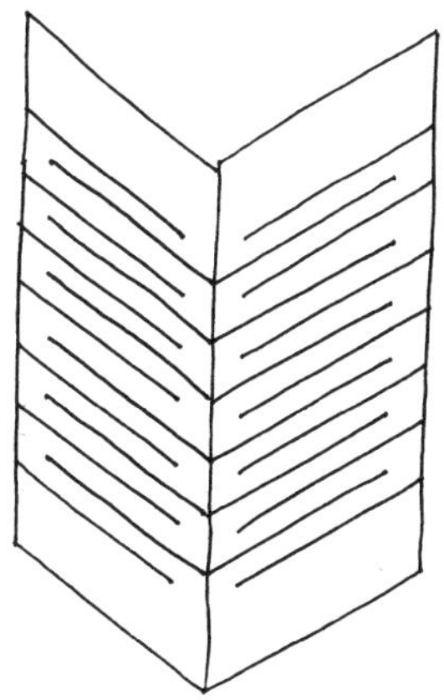

3

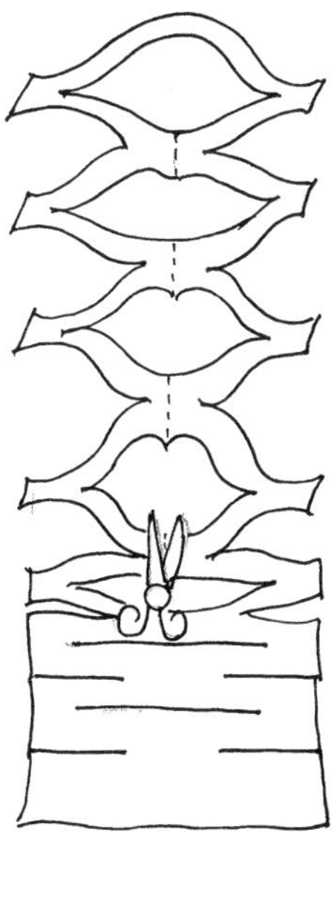

4

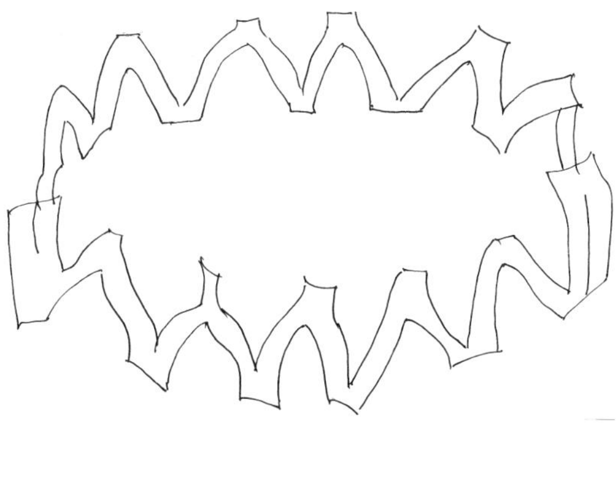

Spiele aus der Küche

„Messer, Gabel, Scher’ und Licht, sind für kleine Kinder nicht.“ Wer noch an diesen Spruch unserer Großeltern glaubt, sollte sich lieber nicht mit den nächsten Spielen beschäftigen.

55. Schwebende Knöpfe

Wenn man einen Knopf, eine CD oder einen Bierdeckel auf dem Rand eines Glases schweben lassen will, braucht man zwei Gabeln als „Balancierhilfen“. Die Gabeln steckt man links und rechts auf den Gegenstand. Durch vorsichtiges Austarieren der Gabeln kann man nun den Gegenstand auf den äußersten Rand des Glases legen und – welch großes Staunen – er scheint dort zu schweben. Ganz so verwunderlich ist das Ganze aber nicht, die Gabeln bewirken einfach eine Schwerpunktverlagerung, so dass der Knopf tatsächlich auf dem äußersten Rand des Glases balancieren kann.

56. Messerbalance

Drei gleich große Flaschen werden in einem Dreieck aufgestellt. Der Abstand zwischen den einzelnen Eckpunkten des Dreieckes sollte ein wenig größer sein als die Länge eines Messers. Nun versuchen wir mit drei gleich langen Messern eine Konstruktion zwischen den Flaschenhälsen herzustellen, auf der ein Glas mit Wasser gefüllt stehen soll. Der Messer-Flaschentrick kann mit drei oder vier Flaschen bzw. Messern durchgeführt werden. Kaum jemand schafft es, die richtige Lösung ohne Hilfe zu finden. Und so sieht die Konstruktion aus:

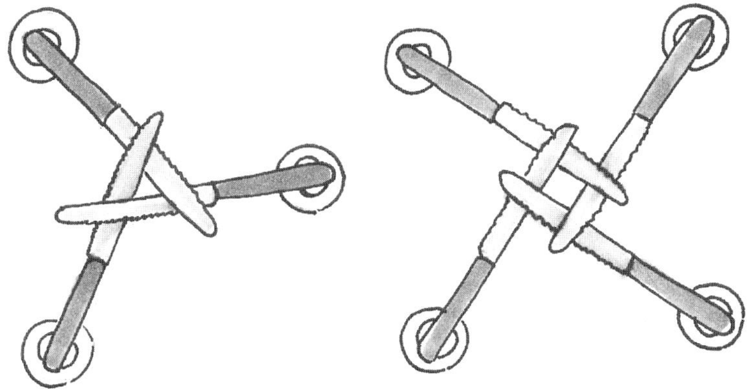

57. Klingende Bestecke

Mit Gabeln oder Löffeln können wir Töne erzeugen, wenn wir sie an einer Schnur aufhängen und sie mit einem Stab anschlagen. Besonders intensiv hören wir die Töne, wenn wir das Ende der Schnur, an der das Besteck aufgehängt ist, an unser Ohr halten.

58. Schattenspiele mit Küchengeräten

Alle Gegenstände werfen einen Schatten, wenn sie von der Sonne oder einer künstlichen Lichtquelle angestrahlt werden. Je nach Einfall des Lichtes und je nach Stellung des Gegenstandes im Licht verändert sich die Form des Schattens. Die verschiedenen Formen der Schattenbilder lassen sich vielfach deuten wie wir ja aus den Handschattenspielen wissen. Auch die Schattenbilder von Küchengeräten können fantasiereich gedeutet werden, je nachdem wie man sie in das Licht hält. Hier kann z.B. das Schattenbild eines Siebes zu einem Sternhimmel werden oder das Schattenbild eines Korkenziehers wird zu einem Männchen, das die Arme auf und ab bewegt.

59. Seifenblasenspiele

„Schwebende Träume“ oder „Kugeln der Götter“ sind durchaus treffende Bezeichnungen für Seifenblasen. Ihrer geheimnisvollen Poesie kann sich kaum jemand entziehen. Der Clown Pic gehört zu den großen Seifenblasenkünstlern und jeder, der ihn einmal z.B. im Zirkus Roncalli gesehen hat, verspürt danach den Wunsch, mit Seifenblasen zu spielen.

Bei den Seifenblasen ist bekanntlich die Seifenlösung entscheidend für das Gelingen. Mittlerweile kann man sich schon im Internet Rezepte für Seifenblasen holen. Für diejenigen, die noch nicht am „Netz“ hängen einige Tipps:

Spülmittel sind grundsätzlich als Grundsubstanz geeignet, wenn sie nicht zu viele Duftstoffe enthalten. Im Zweifel sollte man auf die gute alte Schmierseife zurückgreifen.
Glyzerin trägt zur Festigkeit der Seifenblasen bei. So kann man z.B. 150 ccm des handelsüblichen Pustefix mit 100 ccm Glyzerin und 350 ccm Wasser verbessern.
Auch Zuckerlösungen tragen zum Gelingen von Seifenblasen bei.
Entscheidend für die Lösungsmischung ist auch, ob man besonders große, oder besonders langlebige oder einfach besonders billige Seifenblasen erzeugen will.
Im Kinder- und Jugendmuseum in München hat man sich bei einer Seifenblasenausstellung notwendigerweise besonders mit der Herstellung von erfolgreichen und ergiebigen Lösungen befasst. Hier das Rezept für eine der erfolgreichen Lösungen:
Zuerst sollte man eine Zuckerlösung ansetzen: 500 g Zucker in 1 Liter warmem Wasser auflösen.
Danach vermische man 750 ml flüssige Neutralseife mit 1 Liter Wasser.
Der dritte Schritt ist, Zucker- und Neutralseifenlösung mit 60 ml Glyzerin und 5 Litern Wasser zu vermischen.

Ein kleiner Wermutstropfen in die Lösung: Leider sind nicht alle Neutralseifenlösungen gleich gut geeignet.
Hier noch ein einfaches Rezept für kleinere Mengen:

1 Liter warmes Wasser
4 Esslöffel grüne Seife
4 Esslöffel Glyzerin

oder
ein Stück Kernseife 1 Stunde in 1 Liter warmes Wasser legen und danach etwas Glyzerin dazugeben.

Bei allen Rezepten muss man etwas mit den angegebenen Mengen experimentieren, bis die richtige Lösung gelingt.

Am leichtesten entstehen Seifenblasen, wenn man ein Papprohr mit einem Ende in die Lösung taucht und nach dem Herausnehmen des Rohrs in das andere Ende hinein bläst. Aber auch Trichter, Plastikflaschen mit abgeschnittenem Boden oder Trinkhalme deren Ende einige Male ca. 5 mm tief eingeschnitten wurden, eignen sich für Seifenblasen. Besonders Geschickte formen mit Daumen und Zeigefinger einer Hand einen Ring, durch den sie Seifenblasen erzeugen. Einen gleichmäßig abfließenden Luftstrom durch Blasen zu erzeugen, ist für Kinder am Anfang gar nicht so leicht. Viele Kinder meinen, je fester sie auf die Seifenblasenhaut blasen, desto größer werden die Blasen.
Größere Seifenblasen werden mit großen Drahtringen erzeugt, wobei der Draht mit Wolle umwickelt sein sollte, damit die Seifenblasenlösung gut haften kann. Der notwendige Luftstrom wird durch zügiges Bewegen des Drahtringes in eine Richtung erzeugt.
Mit einem Wollhandschuh können wir versuchen, einzelne Seifenblasen auf dem Handrücken aufzufangen. Wer mehr über Seifenblasen erfahren möchte, dem sei das im *Moses Kinderbuchverlag* erschienene *Seifenblasenbuch von Bettina Grabis und Günter W. Kienitz* empfohlen.

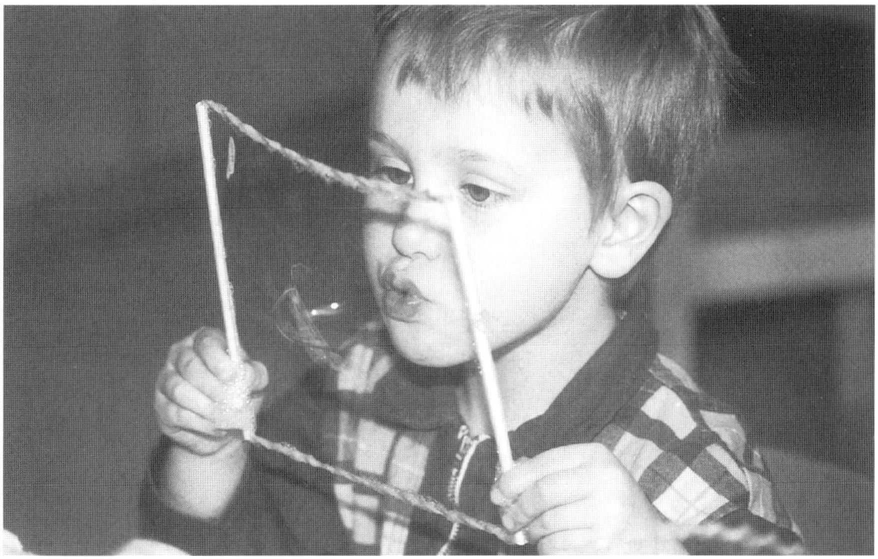

Spiele mit Fäden, Schnüren und Bändern

Das Spiel mit Seilen, Schnüren und Bändern hat etwas Faszinierendes wegen der Beweglichkeit des Materials. Andererseits gibt es nichts, was einen mehr zur Verzweiflung bringen kann, als das Entwirren von Schnüren, die sich miteinander verheddert haben. Knoten gelingen Kindern anfangs nicht leicht, weil der Verlauf von Schnüren beim Knoten fast undurchschaubar erscheint. Auch Erwachsene haben ihre Probleme mit Knoten, wenn sie z.B. Segeln lernen und dabei viele Knoten beherrschen müssen.

60. Ein auflösbarer Knoten

Dieser Knoten scheint zunächst besonders fest zu sein. Er löst sich aber auf, wenn man an den beiden Enden zieht und wenn man der Verknotungsanleitung Schritt für Schritt folgt.

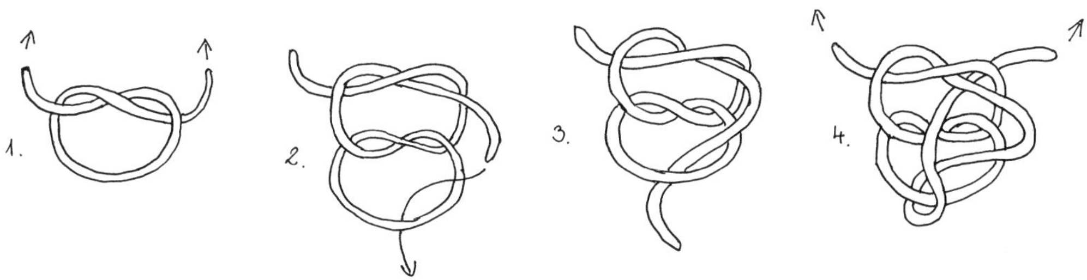

61. Ein Wollspinnennetz

Die Kinder sitzen im Kreis. Ein Kind erhält einen Wollknäuel, dessen Ende es an seinem Finger befestigt. Danach wirft es den Wollknäuel einem gegenüberliegend sitzenden Kind so zu, dass ein Wollfaden zu dem anderen Kind „gesponnen“ wird. Das Kind, das den Knäuel aufgefangen hat, befestigt das Fadenende an seinem Finger und wirft den Knäuel einem weiteren Kind zu. Wenn alle Kinder ein Wollende in Händen halten, kann man aufhören, man kann aber auch weiterspinnen und das Netz immer dichter machen.

62. Fadenspiele

Fadenspiele gehören zu den ältesten Spielen, die fast überall auf der Welt gespielt wurden. Am bekanntesten ist das Abheben von Fadenmustern durch einen Partner. Die zwei Grundfiguren von Fadenspielen werden im folgenden gezeigt. Ausführlichere Beschreibungen findet man in dem im Carlsen Verlag erschienen Buch „Fadenspiele“ von Camilla Gryski.

1.

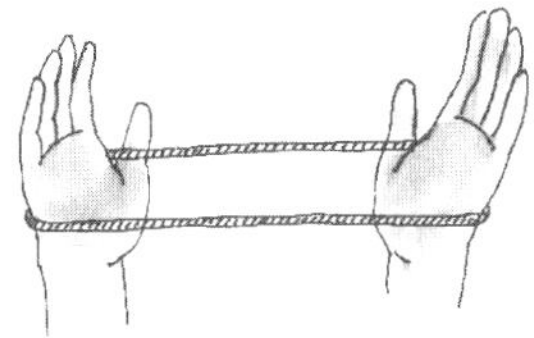

2.

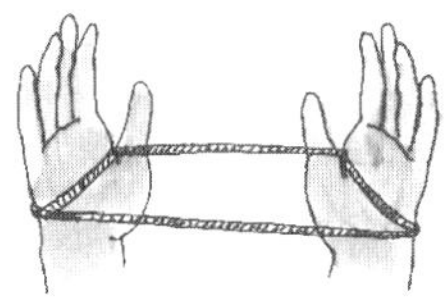

3.

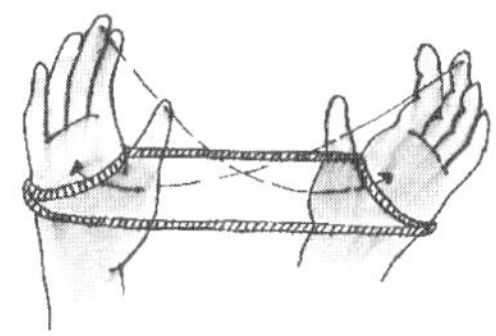

4.

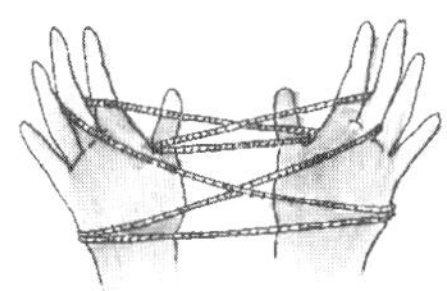

63. Seilbilder

Wenn ein Seil mit ca. 2 Metern Länge in die Luft geworfen wird, fällt es anschließend auf den Boden und bleibt in einer bestimmten Lage liegen. Das Bild des auf dem Boden liegenden Seils kann von den Kindern gezeichnet werden. Mit jedem neuen Wurf entsteht ein neues Seilbild. Wie liegen zwei Seile, die gleichzeitig in die Luft geworfen werden zueinander am Boden?

64. Tanzende Bänder

Die tanzenden Bänder gehören mittlerweile zu einer eigenen Disziplin bei sportlichen Wettkämpfen. Aber auch Kinder lassen sich von der quirligen Anmut der Bänder verzaubern und sie lernen rasch damit umzugehen. Am besten sind Seidenbänder, die über ein kleines Kettchen an einem Stock befestigt sind. Aber auch Klopapierbänder fangen zu tanzen an, wenn sie entsprechend bewegt werden.

Spiele aus der Krimskramskiste

Für die Kreativität der Kinder ist es förderlich, wenn wir ihnen gelegentlich verschiedenes Material, wir könnten auch sagen Krimskrams, zur Verfügung stellen und sie damit ihre eigenen Spiele entwickeln lassen. Wie bereits gesagt, führt oft die Kombination verschiedener Gegenstände zu überraschenden neuen Spielideen.

Für die zunächst vorgestellten Würfelspiele braucht man mehrere große Würfel, große Blätter für die Spielfelder und Stifte oder Farben, mit denen wir die Spielfelder bemalen.

Jedes Spielfeld wird in 6 gleich große Felder eingeteilt. Jeweils in die Ecke jedes Feldes werden die 6 Zahlenbilder (Punkte) der sechs Würfelseiten gemalt. Also Feld 1 erhält einen Würfelpunkt, Feld 2 zwei Punkte etc. Die Grundregel der Spiele ist folgende:
Ein Kind würfelt. Danach muss es die Tätigkeit oder Aktion machen, die auf dem Feld, das es gewürfelt hat, dargestellt ist. Wird beispielsweise eine Drei gewürfelt und auf dem Feld Drei ist eine Katze dargestellt, muss das Kind miauen.
Für das Würfeln kann man den Kindern verschiedene Regeln anbieten:
Nur ein Kind würfelt und die Gruppe macht die auf dem gewürfelten Feld verlangte Aktion.
Oder: Alle Kinder haben einen Würfel und würfeln gleichzeitig und jedes Kind macht für sich die auf dem gewürfelten Feld verlangte Aktion. Oder, oder …

65. Tierstimmen würfeln

Es werden mehrere kleine Gruppen gebildet. Jede Gruppe gestaltet ihr eigenes Spielfeld und wählt sechs Tiere aus, die von den Kindern auf das Spielfeld gemalt werden. Danach würfeln die Kinder – je nach vereinbarter Regel – und imitieren jeweils die Stimme des gewürfelten Tieres. Es ist für den Spielverlauf günstig, wenn die Kinder auch ein leises oder stummes Tier z.B. einen Fisch auf ein Feld malen. Dadurch entstehen im Spielverlauf akustische Pausen.
Eigentlich könnten wir dieses Spiel schon als ein modernes Musikstück bezeichnen. Einige moderne Kom-

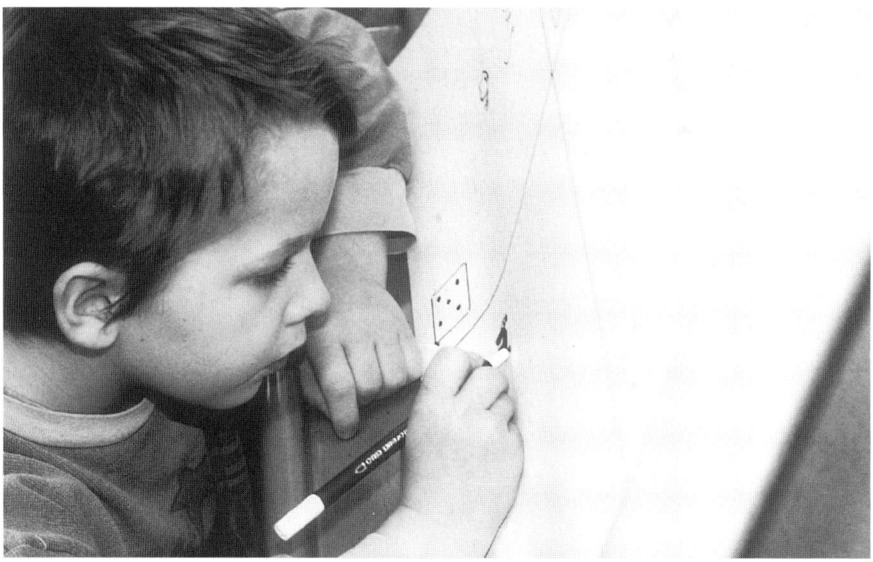

ponisten setzen manchmal auch bei ihren Kompositionen Würfel ein. Diese Zufallsmusik nennt man „Aleatorik“. (Lateinisch: alea = die Würfel. Alea iacta sunt. Na – Sie wissen schon.)
Auch Mozart hat übrigens ein Menuett komponiert, bei dem die einzelnen komponierten Teile durch Würfeln zusammengestellt werden müssen.

66. Bewegungen würfeln

Man kann das Spielfeld auch mit Symbolen für Bewegungen bemalen, z.B. zwei Hände für Händeklatschen, zwei Füße für stampfen, zwei Finger für Schnipsen usw. Lustig ist auch, wenn Bewegungen für Partner gefordert werden, z.B. Schubkarren fahren.

67. Würfel-Variationen

Wenn die Kinder das Grundmuster verstanden haben, finden sie sicher noch viele neue Spiele. Für diejenigen, die es gerne schwieriger mögen und diejenigen, die gerne etwas „Musikalisches“ würfeln möchten eine Variation, die gar nicht so einfach zu spielen ist.
Auf ein Blatt mit 6 Spielfeldern werden Symbole für Klänge gemalt, z.B. ein Xylophon, eine Trommel, ein Mund- oder Körpergeräusch u.Ä. Auf ein zweites Blatt mit 6 Spielfeldern werden Symbole für die Art und Weise, wie der jeweils gewürfelte Klang gespielt werden soll, aufgemalt. Also zum Beispiel ein dicker Punkt für lautes Spielen, ein dünner Punkt für leises Spielen, eine Schnecke für langsames Tempo und ein Hase für schnelles Tempo usw.
Das Spiel wird mit jeweils zwei Würfeln gespielt. Ein Würfel zeigt die auszuführende Klangaktion an, der andere die Art und Weise, wie gespielt werden soll.

68. Legespiele

Mit Hölzchen (abgebrannte Zündhölzer oder Zahnstocher) und Knöpfen kann man viele Figuren legen: Häuser, Wagen, Figuren in verschiedenen Stellungen (Strichmännchen) oder auch Tiere. Hier einige Beispiele zum Nachlegen und Variieren:

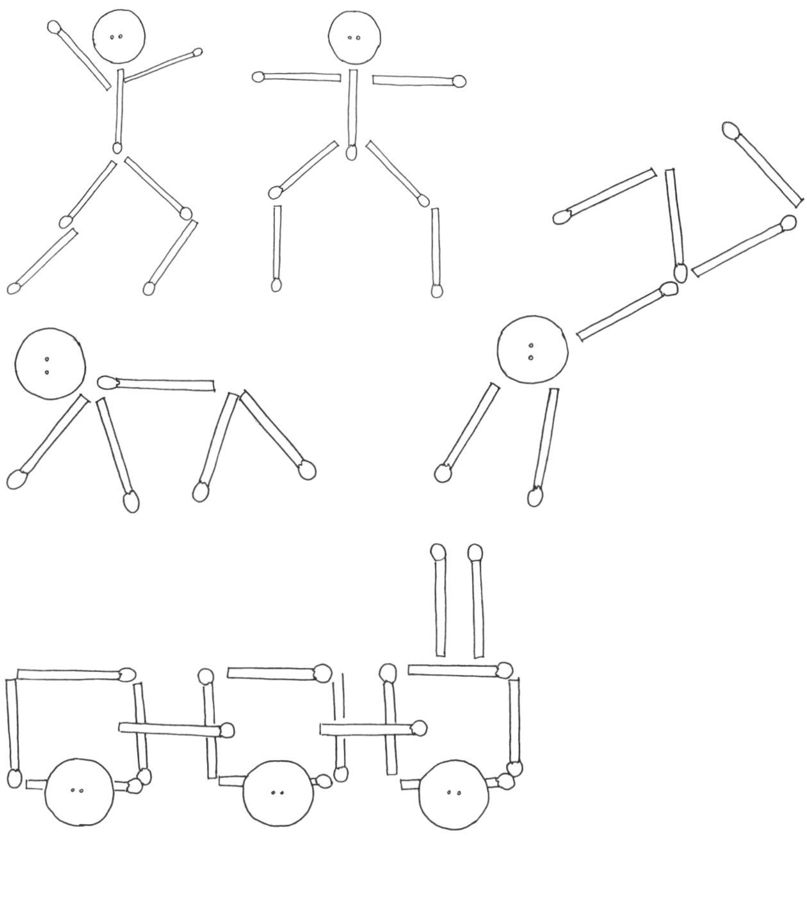

69. Der letzte Knopf verliert

Gerne legen die Kinder mit ihren Spielen Erwachsene herein. Mit dem folgenden Spiel gelingt dies fast immer, wenn der Gegenspieler das Spiel noch nicht kennt. Man muss allerdings bis zwanzig zählen können. Man legt zwanzig Knöpfe in eine Reihe. Jeder darf immer bis zu drei Knöpfen wegnehmen. Wer den letzten Knopf wegnehmen muss, hat verloren. Der Trick um zu gewinnen ist, dass man immer so viele Knöpfe wegnimmt, dass 17,13,9 und schließlich 5 Knöpfe übrig bleiben. Wenn man bei 5 Knöpfen angelangt ist und der Gegenspieler dran ist, hat er verloren. Nimmt er einen Knopf weg, nimmt man drei weg, nimmt er zwei weg, nimmt man zwei weg und nimmt er einen weg, nimmt man einen weg.

70. Der geheimnisvolle Stoß

Wir benötigen drei gleiche Münzen. Zwei Münzen legen wir dicht nebeneinander, so dass sie sich berühren. Die dritte Münze schießen wir auf eine der beiden zusammenliegenden Münzen. Interessanterweise wird nur eine Münze durch den Stoß wegbewegt. Bei Münzen gelten ähnliche Stoßgesetze wie beim Billiardspiel: Wenn wir z.B. mit einer Münze auf eine andere schießen und treffen diese am Rand, wird sie im rechten Winkel von ihrem ursprünglichen Platz wegbewegt, trifft man die andere Münze in der Mitte, bewegt sie sich geradlinig fort. Die Kinder sind sehr einfallsreich, wenn man sie zu den Münzstoßspielen Spielregeln erfinden lässt.

71. Geräuschdosen

Leere Fotodosen eignen sich sehr gut als Geräuschdosen, mit denen man z.B. ein Geräuschmemory spielen kann. Man füllt je zwei Dosen mit der gleichen Menge eines Materials, z.B. zwei Büchsen mit je zehn Reiskörnern. Andere Dosen kann man mit Steinen, Sand, Erbsen etc. füllen. Die Kinder sollen durch Schütteln der Dosen immer zwei gleich klingende herausfinden. Auch hier können – wie bei jedem Spiel – verschiedene Spielregeln entwickelt werden. Besonders kniffelig wird das Spiel, wenn bei einigen Dosenpaaren nur die Füllmenge, nicht das Material variiert wird, also z.B. zwei Dosen mit 10 Reiskörnern, zwei Dosen mit 30 Reiskörnern.

72. Duftdosen

Ähnlich wie das Geräuschmemory kann man auch ein Duftmemory entwickeln. Wir stopfen in die leeren Filmdosen etwas Watte. Je zwei Dosen beträufeln wir mit dem gleichen Duft. Die Kinder sollen anschließend die Dosen durch Riechen ermitteln, denen die gleichen Düfte entströmen.

73. Das Zündholzschachteltheater

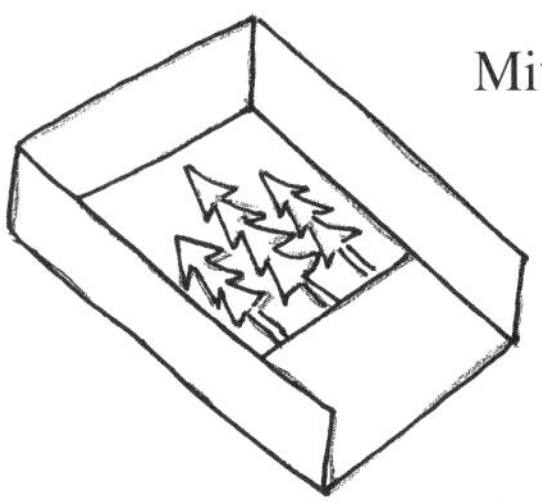

Mit einer leeren Zündholzschachtel kann man ein Theater eröffnen. Der Boden der Schachtel bildet den Hintergrund, zwei Finger, die durch die Schachtel gesteckt werden sind die Schauspieler.

74. Konfetti

Gerne spielen Kinder mit Lochern. Nicht erfreulich ist es allerdings, wenn der Locher geöffnet wird und die kleinen ausgestanzten Papierpunkte auf den Boden fallen. Wir können die Papierkreise aber auch für ein Spiel verwenden. Mit Klebstoff malen wir auf Papier eine Figur, z.B. eine Blume. Anschließend streuen wir die ausgestanzten Papierreste aus dem Locher über die Klebstoffzeichnung und warten bis der Kleber getrocknet ist. Danach schütten wir die nicht angeklebten Papierreste in den Papierkorb und übrig bleibt eine Zeichnung aus Locherresten.

75. Tanzende Steine

Die Begriffe Stein und Spiel scheinen sich auf den ersten Blick nicht miteinander zu vertragen. Wie kann man mit einem schweren Stein spielen, wird sich mancher fragen. Denken wir daran: Wir sprechen bei vielen Brettspielen von Spielsteinen. Dies dürfte daher kommen, dass man früher mangels anderer Materialien viele Feld- und Brettspiele mit richtigen Steinen gespielt hat. Viele Steine, die an einer Stelle etwas abgerundet sind, lassen sich wie ein Kreisel drehen. Mit etwas Geschick werden sie zu tanzenden Steinen.

76. Steine legen

Kinder legen gerne mit Steinen geheimnisvolle Steinkreise oder Steinstraßen. Der Aufbau einer Steinmauer in der Sandkiste kann zum spannenden Spiel werden. Oft benützen die Kinder die Steine nur als Verzierung und bauen damit regelrechte Steingärten.

77. Steingeräusche

Das Geräusch, das beim Aneinanderschlagen von zwei Steinen entsteht, fasziniert Kinder. Rasch machen sie mit ihren Steinen ihren eigenen Steinrhythmus. Beim Aneinanderschlagen von bestimmten Steinen entstehen auch Funken, was man bemerkt, wenn man nach dem Schlagen an den Steinen riecht.

78. Gesichter der Steine

Wir betrachten verschiedene Steine und suchen Figuren oder Gesichter im Stein oder in der Steinform zu erkennen. Besonders schöne oder besonders interessante Steine können wir auch ausstellen. Man kann aber auch Steine auswählen, die besonders gut in der Hand liegen, so genannte Schmeichelsteine.

Gerne bemalen die Kinder auch Steine. Hier können sie ihre Kreativität richtig ausleben.

Spiele mit Kassettenrekordern

Jetzt wird es doch noch ein wenig technisch. Wir können einen Kassettenrekorder für verschiedene Spiele nutzen, die einen Bezug zu unseren Alltagsdingen haben.

79. Vom Klang der Dinge

Mit dem Kassettenrekorder können wir z.B. alle Geräusche aufnehmen, die wir im Haushalt hören. Anschließend kann man in einem Ratespiel die Geräusche auf dem Tonband bestimmten Geräten oder Handlungen zuordnen. Das ist gar nicht so leicht, da die Geräusche in der Regel durch die Aufnahme etwas verändert werden. Manche unserer Geräusche stören uns und wir wären froh, wenn z. B. ein Staubsauger nicht so laut wäre. Manche Geräusche erwecken in uns eine Erwartungshaltung, wenn wir z. B. das Brutzeln eines Fleischstücks in der Pfanne hören. Manche Geräusche sind sehr wichtig, denn sie warnen uns vor Gefahren oder helfen uns im Alltag, z.B. das Piepsen des Weckers mahnt uns zum Aufstehen.

80. Kassettenrekorder unterhalten sich

Man braucht zwei Rekorder. Auf dem einen Rekorder nimmt man Fragen auf und auf dem anderen die Antworten, z.B.:
A: Wie heißt du?
B: Inge.
A: Wie geht es dir?
B: Gut.
A. Wo wohnst du?
B: In der Schillerstraße. etc.

Anschließend wird das Gespräch vorgespielt. Da muss viel gedrückt werden. Start A – Frage – Stop – Start B – Antwort – Stop.
Lustig wird es, wenn man die Antworten verschiebt, also auf Frage 1 Antwort 2 spielt.

81. Ein Kassettenrekorderkonzert

Stehen mehrere Kassettenrekorder zur Verfügung, kann man ein richtiges Konzert veranstalten, in dem man verschiedene Rekorder gleichzeitig spielen lässt. Eine Technik, die moderne Komponisten schon längst entdeckt haben.
Wenn jedes Kind auf seinem Rekorder eine Vogelstimme aufnimmt, kann das Konzert recht angenehm klingen.

Spiel das Wissen schafft?

In unserer so genannten Wissensgesellschaft möchten wir unseren Kindern möglichst viel Wissen vermitteln. Wenn dies im Spiel geschieht, kann es uns nur recht sein, denn Kinder spielen gerne und man muss sie nicht dazu zwingen. Leider neigen viele Erwachsene dazu, mit zu vielen Erklärungen in das Spiel der Kinder einzugreifen und plötzlich wird aus dem Spiel „Schule spielen".

Spätestens seit den Untersuchungen des Psychologen Piaget wissen wir, dass Kinder viele Phänomene trotz physikalischer Erklärungen magisch erklären oder dass sie den Gegenständen menschliche Eigenschaften zuschreiben. Beobachten wir Erwachsene bei der Arbeit am Computer: Sie reden mit ihrem Computer wie mit einem Menschen. „Mach schneller" oder „Stürz bloß nicht ab" und Ähnliches kann man da hören. In der Tat kann man Computern mit bestimmten Programmen über Sprache Befehle erteilen. Nur wenige Sachkundige können jedoch technisch verständlich erklären, wie so etwas geht.

Piaget hat auch nachgewiesen, dass die Kinder für viele Vorgänge ihre eigene theoretische Erklärung haben. Man sollte ihnen dazu auch genügend Raum geben und ihren Erklärungen zuhören. Die so genannte richtige Erklärung können in der Regel oft ohnehin nur Fachleute geben und ob man die dann versteht, bleibt zweifelhaft.

In vielen der im Buch genannten Spiele stecken für neugierige Kinder Fragen, vor allem dann, wenn Gegenstände anders reagieren als man gedacht hatte. Wenn man z.B. in zwei zusammenliegende Papierstreifen bläst und erwartet, das die Streifen auseinander flattern. Das Gegenteil tritt ein, die Papierstreifen werden enger zusammengedrückt. Hier die komplizierte physikalische Erklärung: Die schnell strömende Atemluft erzeugt zwischen den beiden Streifen einen Unterdruck. Durch den stärkeren äußeren Luftdruck werden die Streifen zusammengepresst.
Der amerikanische Psychologe Bruner hat einmal behauptet, man kann einem Kind alles erklären, wenn man die Erklärung seinem jeweiligen Entwicklungsstand anpasst. Das klingt sehr einleuchtend, braucht aber viel Einfühlungsvermögen, Fantasie und letztlich auch Wissen, wie die Dinge funktionieren.
Trösten wir uns: Wenn wir mit den Dingen und Gegenständen so umgehen können, dass sie funktionieren, wie wir es wollen, reicht das für den spie-

lerischen Umgang aus, auch wenn wir die Strömungsgesetze von Bernoulli nicht kennen.

Im Umgang mit den Dingen erwirbt sich das Kind ein Wissen, das es uns zwar nicht theoretisch erklären kann – dafür ist in der Schule genug Zeit – das es aber durch die richtige Handhabung mit dem Material in die Praxis umsetzen kann. Ein Kind, das nach mehreren Versuchen aus einer Plastikkugel ein Schiff zu formen, irgendwann einmal das Schiff so formt, dass es möglichst viel Wasser verdrängt, kennt zwar die physikalischen Gesetze des Auftriebes nicht, es „weiß" aber, wie man das Schiff bauen kann. So gesehen schafft Spiel Wissen.

Nicht zuletzt soll hier auch auf die virtuellen Möglichkeiten durch das Spiel mit dem Computer zu lernen hingewiesen werden. Durch Spielprogramme wie z.B. Zauberhaus (Cornelsen-Verlag, Berlin) lernen die Kinder die Eigenschaften verschiedener Dinge kennen, allerdings nur theoretisch, dafür aber ohne Verletzungsgefahr.

Ganz schön was los

Andrea Erkert

Bewegungsspiele für Kinder

Körpererfahrung und Bewegungsförderung für jeden Tag

Bewegung fördert die motorischen Fähigkeiten, baut Spannungen ab und steigert die körperliche Gesundheit. Darüber hinaus leistet sie bei Kindern einen entscheidenden Beitrag zur geistigen und emotionalen Entwicklung. Mit den über 100 Spielen für zwischendurch und immer-mal-wieder gelingt es ganz leicht, Kinder zum Bewegen zu motivieren.

ISBN 3-7698-1306-5

Ursula Rücker-Vennemann

Entspannungsspiele für Kinder

Ideen, Spiele und Übungen für jeden Tag

Um Kinder zu größerer Ausgeglichenheit und Entspannung zu verhelfen, gibt es viele verschiedene Wege: Materialerfahrung, Bewegung, Wahrnehmung, Atemtechnik und Meditation sind nur einige der Methoden, die Ursula Rücker-Vennemann hier vorstellt. Alle Spiele und Übungen sind leicht verständlich beschrieben und einfach nachzuvollziehen.

ISBN 3-7698-1275-1

Karin Schardt-Bonart

Kreisspiele

Neue und bewährte Ideen für Kindergruppen

Kreisspiele gehören zu den Klassikern der Kinderspiele. Ihr Wert liegt in der Gemeinschaft stiftenden Wirkung, in der Herausforderung an Bewegung, Reaktionsvermögen und Teamgeist und außerdem machen sie einfach Laune. Karin Schardt-Bonart ruft einige der Klassiker der Kreisspiele wieder in Erinnerung und stellt viele neue Ideen vor.

ISBN 3-7698-1305-7